Mémorial

DE

LOUIS-PHILIPPE Ier,

Roi des Français.

MÉMORIAL

DES

PENSÉES ET ACTIONS

DU DUC DE CHARTRES,

AUJOURD'HUI

LOUIS-PHILIPPE IER,

Roi des Français,

ÉCRIT PAR LUI-MÊME, EN 1790 ET 1791;

Tiré de la

Correspondance

DE

LOUIS-PHILIPPE-JOSEPH D'ORLÉANS,

AVEC LOUIS XVI, LA REINE, MONTMORIN, LIANCOURT, ETC.,

Imprimée & publiée en 1800;

AVEC UN DISCOURS PRÉLIMINAIRE,

Notes et Appendice.

PARIS,

DELAUNAY, LIBRAIRE, PALAIS-ROYAL;
LECOINTE, LIBRAIRE, QUAI DES AUGUSTINS, N° 49.

1830.

DISCOURS
PRÉLIMINAIRE.

Au commencement de ce siècle, de précieux autographes, la plupart inconnus, furent tirés de la poussière où ils étaient ensevelis, et recueillis sous le titre que porte cette brochure.

Quel fut le dessein de l'Editeur, en les mettant au jour ? Fut-ce uniquement d'exciter la curiosité du public, ou ne fut-ce pas plutôt d'attirer et de fixer l'attention sur un personnage, que ses qualités éminentes, ses vertus patriotiques, et l'épreuve du malheur qui n'épargne pas plus les grands que les petits, rendaient déjà extrêmement remarquable?

Alors le pouvoir était dans les mains d'un homme à jamais fameux : il gouvernait la France agrandie par la victoire, sous le titre romain de Consul, qu'il devait changer en celui d'Empereur: restaurateur de la religion et des libertés publiques, tant qu'il les respecta, il parut à plusieurs n'avoir pris le sceptre que pour le céder. Les uns se flattaient que, nouveau Monck, il préparait les voies au retour de la famille royale, et il les lui ferma, au contraire, bientôt, en faisant mettre à mort l'un de ses membres le plus distingué par sa valeur, comme pour ne plus laisser égarer l'opinion sur ses intentions : d'autres pensaient que, s'il ne retenait pas l'empire pour lui-même ni pour le souverain légitime, il ferait choix d'un citoyen qui eût, pour régner, le vœu et l'assentiment de la nation. Sous ce dernier point de vue, quel moment plus propice pour désigner à l'homme du destin celui qui était le plus capable de déterminer ce choix, comme il détermina celui du peuple qui vient, après une longue série d'événemens, de lui déférer, avec la couronne, le titre glorieux de ROI DES FRANÇAIS ?

Tels sont les décrets de la Providence que, ce qui semble avoir pu se faire dans un temps, ne s'accomplit, souvent, que dans un autre. Qu'on se reporte, par la pensée, à l'époque où fut écrit ce journal, dans lequel LOUIS-PHILIPPE Ier, encore adolescent, peignait naïvement les sentimens qu'il a développés depuis son jeune âge jusqu'à présent. Si l'étonnante révolution, que les derniers soleils de juillet ont vu commencer, et finir d'une manière si admirable, se fût opérée trente ans plus tôt; et si, alors, comme aujourd'hui, frappés de l'éclat des vertus extraordinaires qui ont brillé en ce prince dès son aurore, tous les yeux se fussent tournés spontanément vers sa personne, comme vers l'astre qui devait nous éclairer de ses rayons, et nous échauffer de sa bienfaisante chaleur; quels flots de sang, dont le sol de la patrie aussi bien que le sol ennemi a été abreuvé, depuis 1800, auraient été épargnés! quels malheurs la nation, si grande d'ailleurs par le courage avec lequel elle les a supportés, aurait évités! Enfin de quelle félicité la France régénérée n'eût-elle pas joui dès-lors, sous un chef de son choix, que son éducation, différente de celle qu'on avait coutume de donner aux princes (1), sa façon de penser toute patriotique, les leçons que déjà il avait reçues de l'expérience, et que le temps et l'adversité ont encore fortifiées, nous font présager, avec certitude, ne vouloir s'occuper que du salut du peuple et de la prospérité du pays !

Descendant d'Henri IV (2) « le seul roi » dont le peuple ait gardé la mémoire », toute la vie de LOUIS-PHILIPPE Ier paraît avoir été formée sur ce modèle, toujours cher aux cœurs français. Elevé à la même école, avec le peuple et dans les camps (3) long-temps exilé, comme lui, des foyers domestiques ; voyageur, comme Ulysse, dans les contrées lointaines (4); ayant préféré le travail, les doux loisirs des Muses, et l'occupation des arts et des sciences, aux mœurs et aux habitudes oisives des cours, rien ne lui est étranger, et l'application qu'exige la royauté ne lui sera point pénible. Aux instructions morales et religieuses, qui lui ont été données, il a joint l'exercice du talent de la parole et l'apprentissage du métier des armes; Valmi et Jemmapes ont vu ses triomphes (5). Mais ce qui l'honore le plus, ce qui doit le faire chérir, c'est l'exercice des vertus sociales et la simplicité de sa vie privée (6). Soldats, c'est votre compagnon d'armes; veuves et orphelins, votre appui; pauvres et malheureux, votre père! c'est le bon et sincère ami du peuple; et pour sa grande âme, le titre de Roi n'est que le titre de premier citoyen du royaume, et ses fonctions, que des devoirs qui lui sont imposés de plus qu'aux autres citoyens. Il est plus qu'aucun pénétré de ces maximes du précepteur des rois, sur leur autorité et leurs devoirs : « que le roi peut tout » sur les peuples, mais que les lois peu» vent tout sur lui; qu'il a une puis» sance absolue pour faire le bien, et les » mains liées dès qu'il veut faire le mal; » que les lois lui confient les peuples

» comme le plus précieux de tous les
» dépôts, à condition qu'il sera le père
» de ses sujets. »

Il est intimement persuadé « que ce
» n'est point pour lui-même qu'il a été
» fait roi ; qu'il ne l'est que pour être
» l'homme des peuples ; que c'est aux
» peuples qu'il doit tout son temps, tous
» ses soins, toute son affection ; qu'enfin,
» il n'est digne de la royauté, qu'autant
» qu'il s'oublie lui-même pour se sacri-
» fier au bien public. » (*)

Ainsi ont régné les rois dont il s'est proposé l'exemple, les Trajan, les Titus, et les Marc-Aurèle, qui ont laissé une mémoire précieuse et chérie, parce qu'ils ont aimé leurs peuples et pratiqué la vertu.

Que le peuple Français, que les ci-

(*) Télémaque, liv. 5.

toyens de toutes les classes, tous égaux à ses yeux, et qu'il porte dans son cœur, lui vouent leur affection! que tous, déférant au pouvoir qu'eux-mêmes lui ont concédé (7), obéissent aux lois par lesquelles seules il doit et veut régner! Que chacun s'empresse de lui prouver son attachement, par le maintien de l'ordre, par le respect des propriétés, par le doux lien de la concorde et de la paix; enfin, par le concours de toutes les volontés au bien général, objet de toute association, et sans lequel aucun peuple ne peut, non seulement prospérer, mais même subsister (8)!

Notes.

(1) L'éducation du prince, comme duc de Chartres, fut confiée, depuis l'âge de 8 ans jusqu'à 17 ans et demi, à Mme de Genlis, qui employa tous les moyens pour la rendre aussi solide que brillante. On peut voir dans ses *Leçons d'une Gouvernante* et dans ses *Mémoires*, ce qu'elle fit pour parvenir au but qu'elle s'était proposé, en acceptant cette charge d'autant plus honorable, qu'elle fut gratuite de sa part. Elle fut nommée, contre l'usage qui ne donnait cet emploi qu'aux hommes, gouverneur du prince et de ses frères ; et ils eurent pour sous-gouverneur le chevalier de Bonnard, et ensuite M. Lebrun, et pour précepteur l'abbé Guyot. Mme de Genlis veillait à tout ce qui concernait leur instruction et leur santé, dans une maison située hors du Palais-Royal. Elle ne négligea rien pour inspirer aux jeunes princes, dès leur première enfance, les sentimens les plus religieux ; et elle s'occupa par-

ticulièrement du soin de fortifier leur corps, par une gymnastique ingénieuse de son invention.

Elle eut à vaincre dans l'aîné de ses élèves une inapplication inouie, dont elle se rendit maîtresse par une habitude réglée du travail auquel elle l'accoutuma. Doué d'une mémoire étonnante, il apprit, comme en se jouant, plusieurs langues, l'Allemand, l'Anglais, l'Italien, qui lui furent enseignés par la même méthode qu'on employa pour Montaigne, c'est-à-dire par la conversation. Il apprit aussi le dessin, et plusieurs arts, dont il se servit comme d'une utile ressource dans les pays étrangers ; à saigner, à panser les plaies, à nager. Il dut à ce dernier art la conservation de la vie d'un père de famille qu'il sauva, étant sur le point de se noyer ; action courageuse pour laquelle la ville de Vendôme lui décerna la couronne civique. L'exercice de ces différens arts, les visites auxquelles le duc de Chartres se livrait pour s'instruire, ses amusemens consacrés à un but utile, ne prenaient rien sur le temps destiné aux études, qui furent constamment suivies, sans interruption, et avec une régularité constatée par un journal, où toutes les actions et les pensées manifestées par chaque élève étaient enregistrées, heure par heure. Les compositions du duc de Chartres annonçaient l'esprit d'ordre, la raison et la droiture des sentimens qui forment le fond de son caractère.

---

(2) Louis-Philippe Ier, Roi des Français, descend d'Henri IV par le second fils de Louis XIII, son suc-

cesseur. On a publié, dans quelques journaux, qu'il était de la race des Valois. Ce qui a pu donner lieu à à cette méprise, c'est que, dans son enfance, il fut appelé duc de Valois. Ce fut à douze ans qu'il prit le nom de duc de Chartres, lorsque son père, succédant à son aïeul, reçut celui de duc d'Orléans.

Voici la filiation :

HENRI IV.

LOUIS XIII.

PHILIPPE, MONSIEUR, frère unique de Louis XIV, mort en 1701 : ce fut lui qui commença la nouvelle maison d'Orléans.

PHILIPPE, régent, mort le 2 décembre 1723.

LOUIS, duc d'Orléans, mort le 4 février 1752.

LOUIS-PHILIPPE, *idem,* mort le 18 novembre 1785.

LOUIS-PHILIPPE-JOSEPH, *idem,* mort le 6 novembre 1793. « Il périt (dit l'auteur de l'article consacré à ce » prince, dans la Biographie des Contemporains), sa- » crifié par ceux-là mêmes dont il avait embrassé la » cause, à la haine implacable que lui portaient ses » ennemis, leurs propres adversaires : triste et mémo- » rable exemple des vicissitudes de la fortune et de » l'inconstance de la faveur populaire. »

LOUIS-PHILIPPE Ier, ROI DES FRANÇAIS.

---

(3) On a vu que l'éducation de son enfance ne fut pas vulgaire ; celle qu'il reçut dans son adolescence le fut encore moins. Le duc de Chartres, du consentement du duc d'Orléans, fréquenta tous les lieux où il put recevoir les leçons de l'expérience ; il se mêla à tous les exercices du peuple, et lorsqu'il fut à la tête de son régiment, il se livra, comme un simple soldat, à toutes les fonctions dont il était chargé. Il ne manquait à aucun exercice, et il était du matin au soir occupé de l'inspection des magasins et de tout ce qui regardait le service militaire. C'est ainsi qu'il se préparait aux actions d'éclat, qui couronnèrent sa valeur sur les champs de bataille.

---

(4) Ce fut dans les nombreux voyages qu'il entreprit, après son exil de France, qu'il déploya la magnanimité et la résignation la plus sublime, dont il a fait preuve dans toutes les circonstances.

Après la prise de Tournay, au mois d'avril 1793, le duc de Chartres, pénétré d'horreur des crimes dont la France était alors souillée, résolut de la quitter pour jamais. Le comité de salut public de la Convention ayant lancé contre lui, ainsi que contre plusieurs officiers de l'armée, des mandats d'arrêt, il ne se sauva de Saint-Amand, où il se trouvait, qu'après avoir couru les plus grands dangers. Il alla à Schaffouse, rejoindre Mademoiselle d'Orléans, sa sœur; de-là à Zurick, et à Zug en Suisse, qu'il fut obligé de quitter successivement. Il se décida à faire à pied le tour de la Suisse, d'où, ensuite, il entra, sous un nom supposé, dans le collége des Grisons, en qualité de professeur d'histoire et de géométrie. Au milieu des glaces de l'hiver, il se levait chaque jour à quatre heures du matin, pour aller donner des leçons de mathématiques transcendantes dans ce collége; et, pendant quinze mois, il ne cessa pas un seul jour de s'acquitter de ses devoirs de professeur, avec une scrupuleuse exactitude.

Si l'on voulait suivre le duc de Chartres dans toutes ses courses, en Suède, en Danemarck, en Norwège, en Laponie, à Tornéo, aux confins du globe près le pôle, en Amérique, aux États-Unis, chez les nations sauvages, à la Havane, à Malthe, en Angleterre, en Espagne, en Sicile, où il se maria, et enfin partout où il se réfugia pour éviter la persécution qui s'attachait à ses pas; si l'on recueillait ses actions et ses discours dans cette longue et pénible pérégrination, où il fut en proie aux privations et aux souffrances les plus multipliées, on ferait une Odyssée non moins intéressante que le poëme d'Homère. Le duc de Chartres a été plus réellement que le héros demi-fabuleux de ce poëme, *l'homme qui a vu les mœurs et les habitations d'une multitude de peuples* (*).

(*) . . . . *Virum*
Qui mores hominum multorum vidit et urbes.
HORAT. Art. poét.

Il s'est instruit, pendant ses voyages, des coutumes et des usages des diverses nations qu'il a visitées ; il a pris connaissance sur les lieux mêmes de tout ce qui pouvait l'intéresser ; il a étudié leurs mœurs, leur gouvernement, leurs lois ; rien, concernant l'économie politique, ne lui est échappé, et il en a rapporté une foule d'observations, dont l'application à notre gouvernement et à nos usages ne peut que produire les plus heureux fruits.

---

(5) Le duc de Chartres reçut du général Kellermann le commandement de la seconde ligne de l'armée qui combattit contre les Prussiens, en Champagne, et ce fut à la tête de cette seconde ligne, composée de douze bataillons d'infanterie et de six escadrons de cavalerie, qu'il combattit à Valmi, le 20 septembre 1792. Chargé de la défense du moulin sur lequel se dirigèrent constamment tous les efforts de l'ennemi et le feu de ses batteries, il parvint à se maintenir jusqu'au soir dans cette importante position, et contribua puissamment au succès de cette mémorable journée, qui fit avorter les projets de la coalition.

A la bataille de Jemmapes, qui fut livrée et gagnée par l'armée française sous le commandement en chef de Dumouriez, une des colonnes était commandée par le général de Beurnonville, et l'autre par le duc de Chartres. Le duc de Chartres s'avança avec le centre de l'armée française, pour attaquer un bois qui couvrait le centre des Autrichiens ; mais comme ils occupaient une position très-forte, et que le feu de leurs redoutes faisait un effroyable ravage dans les rangs français, le désordre se mit dans une partie de nos troupes. Le jeune prince fit tous ses efforts pour arrêter les progrès de ce désordre; il rallia les fuyards et, ne pouvant reformer entièrement plusieurs bataillons qui s'étaient mêlés, il en fit une colonne à laquelle il donna le nom de bataillon de Mons, plaça au centre les cinq drapeaux qu'il avait arrêtés, et avec les mêmes soldats qui avaient pris la fuite, il attaqua l'infanterie autrichienne, pénétra dans les redoutes, et s'empara d'une partie de l'artillerie ennemie. Victoire d'autant plus surprenante et glorieuse, que l'armée était mal équipée et encore inexpérimentée.

(Extrait de la Biographie des Contemporains.)

---

(6) L'éducation du duc de Chartres fut dirigée surtout vers l'humanité, la plus digne vertu des princes. Dans son enfance, il faisait des meubles pour de pauvres ménages; il allait dans les hôpitaux panser les malades; en Suisse, Mme de Genlis remarque qu'il fut aimé des paysans, et particulièrement des pauvres qu'il recevait avec la plus tendre humanité. Non seulement il sauva la vie à un noyé, mais encore à un prêtre anti-constitutionnel, que la populace voulait massacrer. A l'âge de quinze ans, dans un voyage qu'il fit en Normandie, au Mont-Saint-Michel, il fit détruire la fameuse cage de fer où un gazetier de Hollande fut enfermé, pendant dix-sept ans, pour avoir

écrit contre Louis XIV. Enfin toute la vie de ce prince, maintenant sur le trône, est semée de traits qui attestent la bonté de ses sentimens et la popularité de ses manières.

---

(7) L'abbé Herluison *, aussi habile théologien qu'écrivain spirituel et savant, a publié, en 1792, à Paris, chez Leclère, un livre en deux volumes in-12, ayant pour titre : *La Théologie réconciliée avec le patriotisme*, et où il traite de l'origine, de l'étendue et de la durée de la puissance royale ou du pouvoir monarchique. Il démontre, d'après les Écritures, ainsi que par les raisonnemens d'un profond publiciste qui avait publié un ouvrage sur la même matière, que la royauté n'est point d'institution divine ; qu'elle n'a point été établie *immédiatement* de Dieu, même chez le peuple hébreu, qu'il avait choisi entre tous les peuples, pour garder sa loi ; qu'elle ne vient de Dieu que *médiatement*, c'est-à-dire qu'elle n'est, comme toutes les autres institutions, qu'un effet des causes secondes, que l'ouvrage des hommes ; qu'ainsi chaque peuple a le droit imprescriptible d'établir le gouvernement le mieux approprié à ses mœurs, et qui lui convient le mieux, de le modifier, réformer ou changer à son gré, d'élire ou de constituer qui bon lui semble pour chef de son gouvernement, de fixer, restreindre ou étendre plus ou moins les

* Voir les articles consacrés à cet écrivain dans la Biographie des Contemporains, et dans les Œuvres posthumes de Grosley.

pouvoirs qu'il lui confie pour son bonheur, et de les lui retirer, quand il lui plaît, si ce chef en abuse ou néglige ses devoirs, ces pouvoirs n'étant que temporaires, ne lui appartenant point, et n'étant nullement de droït divin. Telles sont les principales maximes, dont le développement se trouve dans cet écrit théologique et patriotique, remarquable par la précision et la pressante dialectique.

Publié au commencement de la révolution, dans des circonstances à peu près semblables à celles où nous sommes, il avait été précédé d'une lettre sur le même sujet, imprimée à Troyes, chez veuve Gobelet, en 1790, in-12, laquelle en est comme l'esquisse, et vient d'être reproduite, par extrait, d'une manière piquante, dans le Journal politique et littéraire du département de l'Aube (*).

D'après les principes de l'abbé Herluison, lesquels étant ceux professés par l'église catholique, sont propres à rassurer la conscience des personnes obligées par leurs fonctions à la prestation du nouveau serment prescrit par la loi, le pouvoir souverain dont le duc d'Orléans a été revêtu, sous le nom de LOUIS-PHILIPPE Ier, ROI DES FRANÇAIS, lui a été conféré aussi légalement que possible, soit que l'on considère l'abdication de Charles X, soit que l'on envisage les circonstances dans lesquelles cette proclamation a eu lieu.

Par l'abdication de Charles X, sous les anciennes constitutions de l'État, le duc d'Orléans, désigné lieutenant-général du royaume, eût tenu la place du roi mineur. Mais ces constitutions, à la réserve

(*) Voir à la fin de cet opuscule l'APPENDICE, qu'on y a joint.

du principe de la loi salique, avaient été abolies par le pacte constitutionnel accepté par Louis XVI, par les constitutions de l'empire sous Buonaparte, et par la Charte de Louis XVIII, contrat synallagmatique entre la nation française et le roi, que son successeur avait accepté comme lui, et dont il avait solennellement juré de remplir toutes les conditions. Sa renonciation à ce contrat a remis les choses au même état qu'elles se trouvaient, lors du rappel de Louis XVIII au trône. Ainsi la nation française est rentrée dans ses droits, et devenue libre de se choisir un nouveau chef. Mais cet être collectif, cet assemblage d'une multitude d'individus, qui ne se compose pas seulement de la population de Paris ou de toute autre ville, mais de tous les habitans du royaume, était dans l'impossibilité de se réunir en masse ; et comment tant de membres épars du corps politique auraient-ils pu s'entendre et concourir à l'élection de ce chef, devenu nécessaire pou remplacer celui qui naguère existait ? Ils ne le pouvaient que par des mandataires, et il était urgent d'y pourvoir : car, quoique dans la vacance du pouvoir royal tous les autres pouvoirs constitués subsistassent ; quoique la loi, cette puissance morale, lien de tous les pouvoirs sociaux, commandât encore aux citoyens, et que la justice, qui ne meurt point parce qu'elle est descendue du ciel, rendît encore ses arrêts souverains ; toutefois l'écroulement du trône, effet de la révolution qui s'était opérée, pouvait entraîner des malheurs effrayans : il était à craindre, s'il n'était promptement rétabli, que les parties du tout que le pouvoir royal unissait ne se désunissent, et qu'il ne s'en suivît un bouleversement général, un chaos universel, en un mot, l'anarchie, le pire de tous les maux. Heureusement la nation était représentée, et elle l'était d'autant plus convenablement, qu'un grand nombre de ses députés à la chambre ayant été rejetés par l'ancien gouvernement, elle avait été consultée tout récemment et avait réélu ceux qui lui avaient paru dignes de l'être. Le choix fait par les deux chambres, de Louis-Philippe Ier, pour régner, est donc fondé ; son droit à la couronne est légitime, puisqu'il la tient de la nation en qui résidait ce droit qu'elle lui a transmis ; et tous les Français, qu'il est appelé à gouverner, lui doivent soumission et obéissance, sans que son élection ait besoin d'être ratifiée ; et, d'ailleurs ne l'est-elle pas par l'opinion publique et par les sentimens unanimes qui se sont manifestés en sa faveur, depuis qu'il occupe le trône ?

---

(8) La propriété, base essentielle de toute association, ne peut subsister que dans un état de paix permanent, auquel toute révolution est opposée ; car qu'est-ce qu'une révolution, sinon un changement continuel, incompatible avec la tranquillité publique?

Examinons maintenant par les faits, si la fin de la révolution qui vient de s'opérer est aussi réelle qu'apparente.

Il existait dans la plupart des esprits de la France, bien antérieurement au 25 juillet, époque où furent rendues les ordonnances qui ont causé cette révolution, une fermentation et une agitation visibles qui la faisaient pressentir. Un combat terrible a eu lieu : la force a décidé du droit. Chose admirable! le mouvement insurrectionnel a cessé, comme de lui-même, aussitôt que la victoire a été gagnée. L'ordre suspendu pendant trois jours a été rétabli presque aussitôt, et sans secousse; la France, menacée de désorganisation, est demeurée intacte; aucune atteinte n'a été portée à la propriété, soit publique, soit privée. Ce respect du peuple pour des biens, qu'il aurait pu être tenté d'envahir en l'absence de l'autorité royale, est un beau et singulier caractère de cette révolution à jamais mémorable entre toutes celles qui ont éclaté, et dont il est fait mention dans les fastes de l'histoire. Ce qui ne la caractérise pas moins, et ce qui n'avait eu d'exemple que dans ce qui s'était passé en 1789, lors de la séance de l'assemblée constituante célèbre par l'abolition des privilèges de l'ancien régime, c'est la promptitude et l'unanimité avec lesquelles les changemens opérés à la constitution du royaume ont été faits. Dans la même séance, la Charte a été modifiée et amendée, et le Roi proclamé; tant les esprits étaient préparés à un ordre de choses nouveau et mieux approprié aux intérêts de chacun!

Le mouvement insurrectionnel a donc cessé avec la résistance qui l'avait produit, et la révolution semble finie. Mais peut-on se persuader qu'elle l'est réellement, quand on réfléchit sur ce qui se passe sous nos yeux, à l'époque où nous écrivons (*), et qui est

(*) Vers la fin de septembre 1830, date qu'il n'est pas indifférent de remarquer, à cause des changemens qui, d'un jour à l'autre, peuvent survenir. Voir, au surplus, la *conclusion* de cet opuscule.

constaté par le rapport de tous les journaux ? On se demande avec inquiétude pourquoi, dans la chambre des députés, où toutes les opinions devraient ne former qu'un faisceau autour du trône, au parti de l'opposition formé contre l'ancien ministère odieux à la nation, a succédé un autre parti en guerre avec les conseillers actuels de la couronne, qui devraient cependant être agréables à toute la chambre, comme étant le choix d'un souverain éminemment populaire, et qui n'a d'autre intérêt ni d'autre volonté que de marcher avec elle ? Pourquoi, en dehors de la chambre des députés, cherche-t-on à provoquer le changement du nouveau ministère, sous prétexte qu'il ne suit pas le mouvement progressif de la révolution, comme si ce mouvement ne devait pas se ralentir pour faire place à la tranquillité ; comme si les lois à faire devaient être improvisées, et comme si les institutions réclamées par les besoins du peuple, combinés avec les intérêts du commerce et de l'agriculture, pouvaient, pour être bonnes et solides, n'être pas l'ouvrage de la réflexion et du temps ? Pourquoi des novateurs, ne s'arrêtant pas là, demandent-ils hautement la dissolution de la chambre qu'ils accusent d'être l'ennemie du peuple, pour la recomposer avec des élémens discordans, incompatibles avec la sagesse du gouvernement du Roi, ou pour former une nouvelle convention nationale qui, remettant tout en problème, et les lois actuelles, et la nouvelle Charte, et les institutions établies ou à établir d'après elle, et jusqu'à l'élection du Roi même, perpétuerait la révolution par l'anarchie ? Pourquoi enfin se forme-t-il, au mépris de la loi, à part de la grande société, et dans la vue de la dominer, des sociétés partielles, soi-disant amies du peuple qu'elles ont déjà tenté de soulever ; sociétés dont l'existence ne peut être sans danger et inquiète les citoyens paisibles, pour qui les exemples du passé sont des leçons pour le présent et l'avenir ? Ah ! rejetons loin de nous ces fermens de discorde ; rallions-nous autour des chambres et du trône constitutionnel ; et, si nous voulons prévenir l'anarchie et ses fléaux dont nous sommes menacés, ne souffrons aucune puissance illégale, aucun pouvoir en dehors de ceux légalement établis.

EXTRAIT

DE LA

CORRESPONDANCE

De Louis-Philippe-Joseph

D'ORLÉANS.

EXTRAIT

D'UNE BROCHURE PUBLIÉE EN 1800, A PARIS,

CHEZ LEROUGE, IMPRIMEUR,

IN-8° DE 288 PAGES, ET AYANT POUR TITRE :

CORRESPONDANCE

DE LOUIS-PHILIPPE-JOSEPH D'ORLÉANS,

AVEC

LOUIS XVI, LA REINE, MONTMORIN, LIANCOURT, LAFAYETTE, ETC.

CE recueil est divisé en trois parties, dont la première contient la correspondance politique; la seconde la correspondance de famille, et la troisième un journal écrit par le fils aîné du duc d'Orléans, actuellement ROI DES FRANÇAIS, « journal dans lequel, dit l'éditeur, dont le nom est seulement indiqué par les initiales L. C. R., ce jeune prince, alors âgé de dix-sept ans, a tracé sa façon de penser, sa réception et ses discours dans la plus célèbre des assemblées populaires, où son père, de concert avec Mme de Sillery (la comtesse de Genlis), son institutrice, avoit jugé utile de le faire recevoir, pour *le former au talent de la parole* (1), et où l'on voit son attachement pour cette dame, non moins fort que celui qu'il portoit à ses parens; quelles étoient les personnes qui formoient sa société et celle du duc d'Orléans; sa conduite à la tête de son régiment, lors de la prestation du serment des officiers; comment il sauve la vie à plusieurs citoyens; son opinion sur certains membres de l'assemblée constituante; enfin, ses opinions politiques, religieuses, ses lectures, ses occupations, ses instructions et ses connoissances. »

Ce recueil étant devenu rare, on va en extraire ce qui, dans les circonstances actuelles, paraît le plus intéressant, et qui se trouve dans les dernières parties.

La correspondance de famille formant la seconde partie, s'ouvre par un billet du duc de Penthièvre à Mme la duchesse d'Orléans, par lequel il lui dit que « sa tendresse pour elle et sa qualité de père demandent de lui de l'avertir à l'approche de Pâques, qu'il » ne faut pas qu'elle se confesse à un prêtre sermentaire, ni qu'elle fréquente les églises sorties de l'orthodoxie. »

Mme la duchesse d'Orléans transmit ce billet à son fils aîné, en le chargeant d'en donner communication à ses frères et à sa sœur, par un autre sans date, mais qui est de 1791.

(1) Voir ci-après l'extrait d'une lettre de la duchesse d'Orléans.

Une note du duc d'Orléans, à la suite de ce billet de Mme la duchesse, donne les motifs de sa conduite avec elle relativement à l'éducation de leurs enfans. Il avait envoyé sa fille en Angleterre sous la conduite de Mme de Sillery. « Ses principes, dit-il, m'étoient con-» nus, et la conduite de mes deux fils, qu'elle a élevés, » justifie la confiance que j'avois en elle. »

Les opinions de la duchesse d'Orléans n'étaient pas conformes à celles de son mari; dans une longue et intéressante lettre, elle s'explique avec lui sur divers points qui les tinrent éloignés, et particulièrement sur les torts qu'elle avait reprochés à Mme de Sillery : « ces torts, observe-t-elle, ne peuvent être » détruits ni par son journal, ni par tout ce qu'elle » pourra dire : c'est moi qui ai vu et entendu tout ce » qui m'a déplu. Ce n'est donc que l'avenir qui peut » me faire revenir sur le compte de Mme de Sillery; » elle ne peut pas se justifier, mais elle peut réparer; » et si je vois que sa manière d'être et celle de mes » enfans est telle que j'ai droit de l'attendre et de » l'exiger, je suis juste, et je serai bien aise d'oublier » les sujets de plainte qu'elle m'a donnés. » Elle ajoute : « Mme de Sillery a eu dernièrement de l'humeur, je » l'ai supporté; mais le lendemain elle a eu une atten-» tion pour moi; elle m'a écrit un billet honnête, je » l'ai fait remercier par ma fille, et je lui ai répondu » d'une manière dont vous avez été aussi content » qu'elle : enfin, ce sera sur sa conduite que je régle-» rai la mienne. Je ne dis pas que je rendrai à Mme de » Sillery mon amitié, ma confiance; quand elles ont

» été blessées à diverses reprises, il est impossible de
» croire que l'on puisse se rapprocher à un certain
» point; mais Mme de Sillery peut compter sur
» tous les égards, les marques d'attention possibles.
» Je serai bien aise de pouvoir témoigner de la con-
» sidération à la personne qui élève mes enfans. »

Sur ce que son fils aîné, d'après l'ordre de son père, fréquentait les jacobins, elle dit à son mari : « Vous êtes convenu vous-même qu'il y a de grands
» inconvéniens : examinons-les nous-mêmes, et voyons
» si les avantages peuvent les balancer. Si les jaco-
» bins étoient composés de députés seulement, ils se-
» roient moins dangereux, parce qu'ils seroient con-
» nus par leur conduite à l'assemblée, et que l'on
» pourroit prévenir mon fils; mais comment le mettre
» sur ses gardes, vis-à-vis d'un tas de gens qui y ont
» la majorité, et qui sont bien propres à égarer les
» principes d'un jeune homme de dix-sept ans (1).
» Si mon fils en avoit vingt-cinq, je ne serois point
» tourmentée, parce qu'il pourroit distinguer par lui-
» même; mais à dix-sept ans, jeté dans une société
» de ce genre, en vérité, cela n'a pas de raison : et
» que ce soit nous, que ce soit ses parens qui, pour
» finir son éducation, l'envoient aux jacobins, me pa-
» roît, et paroîtra sûrement à tout le monde, une chose
» inconcevable, et me feroit en vérité regretter qu'il
» fût sorti des mains de Mme de Sillery. C'est pour

(1) Cette lettre a été écrite en 1790. Voyez la note correspondante à la date du 23 octobre du journal.

» qu'il apprenne à parler que vous voulez passer par-» dessus tous les dangers, que vous ne pouvez pas ne » pas envisager pour lui; et vous me dites, pour me » faire voir ces avantages comme vous, qu'un fameux » orateur anglais ne le seroit pas, s'il n'avoit appris à » parler de bonne heure. Je vous répondrai à cela que » c'est sûrement en assistant aux séances du parle-» ment, aux assises, aux plaidoyers, qu'il a appris cet » art, et que mon fils aura les mêmes facilités sans » aller aux jacobins : qu'il suive l'assemblée natio-» nale et les séances des nouveaux tribunaux, quand » ils seront établis; et pour peu qu'il y ait des dispo-» sitions, il y apprendra à parler tout comme on ap-» prend en Angleterre. »

Deux lettres de Mme de Genlis au duc d'Orléans, l'une desquelles est terminée par ces mots : « Adieu » *my dear friend*, que j'aime et que j'embrasse de » toute mon âme, » font connaître qu'elle s'occupait d'un journal, où, « en évitant d'avoir l'air d'entre-» prendre son apologie, elle le peint toujours sous les » traits les plus aimables de la bonté, de la douceur » et de l'indulgence, comme le meilleur des pères, » et depuis deux ans le plus patient des maris. » Elle s'applaudit de l'impression qu'elle est persuadée que ce journal a faite sur Mme d'Orléans.

Le duc d'Orléans, par une lettre du 4 août 1792, dit à son fils aîné que « s'il eût cru possible que la » Convention nationale, dont on parloit alors, et dont » il désiroit que ses fils devinssent membres, malgré » leur minorité, fût dans le mauvais sens que ce fils

» aîné supposé, il lui auroit mandé que c'étoit une
» idée des malintentionnés, etc.; » et il ajoute
« qu'un député, Voidel, pensoit qu'il seroit pré-
» férable qu'il fût choisi ailleurs qu'à Paris, pour
» être de cette Convention, si cela lui convenoit,
» ainsi qu'à son frère Antoine (le duc de Montpen-
» sier). »

Par une autre lettre, il lui mande que l'assemblée ayant fixé à vingt-cinq ans l'âge pour être député à la Convention nationale, il pense que les assemblées primaires se conformeront à cette règle, et qu'ainsi il ne prévoit pas que son fils puisse en être.

Il lui apprend ensuite que le député Voidel lui a assuré qu'il serait élu à Sarguemines, et que, sur la question si la Convention approuvera les choix au-dessous de l'âge proposé par l'assemblée, il pense qu'oui, et qu'il faut toujours accepter.

Charles Voidel confirme le prince dans cette pensée, que, par la lettre de ce Voidel, on voit que le prince a accueillie. Il lui mande que c'est à Metz que se tiendra l'assemblée électorale, et qu'il écrit au maire de cette ville de le proposer et de l'appuyer. « Je lui donne à ce sujet, dit-il, toutes les raisons
» qui peuvent déterminer un véritable ami de la li-
» berté et de l'égalité; car, indépendamment de votre
» patriotisme, il n'est pas indifférent pour la répu-
» blique de voir dans l'assemblée souveraine de la
» nation un membre de la dynastie agonisante sou-
» tenir une forme de gouvernement contraire à ses
» intérêts privés, et donner l'exemple d'un dévoue-

» ment absolu à ceux de sa patrie. Je me plais de me » rappeler dans cette circonstance une conversation » que nous eûmes, il y a deux ans, chez M. de Va- » lence, et du désir que vous aviez de voir enfin éta- » blir en France une république qui consacrât et qui » réalisât les principes d'égalité proclamés par la dé- » claration des droits. Votre raison avait devancé les » événemens. On est digne d'être membre du sou- » verain, quand *on sait ainsi renoncer à tout ce que* » *la naissance et la fortune peuvent présenter d'es-* » *pérances à l'ambition*, et je crois servir mon pays » en cherchant à lui procurer un pareil défenseur de » ses droits. »

Cette lettre est suivie d'une lettre de la fille de Mme de Sillery au fils du duc d'Orléans, laquelle témoigne de l'amitié qui s'était établie entre ce dernier et les demoiselles dont la mère avait fait son éducation. « Croyez, lui dit-elle, que vos amies d'en- » fance sont dignes de votre amitié par celle qu'elles » ont pour vous. Adieu, Monsieur, parlez souvent » avec votre aimable frère de cette mère, de ces sœurs » (puisque vous voulez bien nous donner ce doux » titre), qui ne sont pas un instant sans penser à vous » deux; soyez sûr que le plus beau moment de la vie » des quatre émigrantes jacobines sera celui où elles » se trouveront réunies à des amies chéries. »

Dans cette lettre en était renfermée une autre de Mme de Sillery, adressée à son mari, député, où elle lui parle de la Convention nationale demandée pour changer la constitution de 1791, et fait à ce sujet des réflexions dont les événemens ont fait connaître la justesse.

Là se termine, dit l'éditeur, la partie de la correspondance dont j'ai pu me procurer les pièces; et il donne l'analyse d'autres qui ont passé sous ses yeux.

« On y voit Mme d'Orléans employer tous les » moyens que ses vertus, sa tendresse pour ses en- » fans, son respect pour le lien conjugal, lui suggè- » rent, pour rappeler son mari à ses devoirs, et se » faire rendre l'éducation de ses fils. Elle n'y déguise » pas ses opinions politiques et religieuses ; elle s'y » montre l'amie du trône et du pape. Quant à sa fa- » çon de penser sur Mme de Sillery, c'est le mépris » plutôt que la haine qui en fait la base. »

«..... Le duc d'Orléans se retranche, dans ses ré- » ponses à son épouse, sur deux points. Le premier, » que Mme de Sillery ayant très-bien élevé sa fille, elle » ne peut manquer de donner une bonne éducation à » ses fils; le second, que les opinions politiques de » Mme d'Orléans étant diamétralement opposées aux » siennes, fondées sur la liberté, il ne veut pas que » ses enfans soient imbus des préjugés que le nouvel » ordre de choses s'empresse de détruire, et que, » comme Mme de Sillery professe les principes de li- » berté, elle ne peut manquer de les inculquer à ses » élèves. »

«..... Les lettres de Mme de Sillery démontrent le » pouvoir qu'elle avoit sur l'esprit du duc d'Or- » léans.... »

Enfin, l'éditeur vient au journal tenu par le fils

aîné de ce prince : « On le verra, dit-il, tout entier » dans les extraits qui suivent : son caractère, ses » opinions politiques et religieuses sont développées » dans ce mémorial de ses actions, écrit de sa main » et tenu jour par jour, depuis octobre 1790 jusqu'au » 25 août 1791. »

EXTRAITS

TIRÉS

DU JOURNAL DU FILS AINÉ DU DUC D'ORLÉANS

(LOUIS-PHILIPPE-JOSEPH).

L'éditeur remarque préliminairement que, jusqu'au 23 octobre 1790, on ne trouve, dans ce journal, autre chose que des analyses des séances de l'assemblée nationale, auxquelles ce prince assistait exactement.

---

23 *octobre* 1790. J'ai dîné à Mousseaux; le lendemain, mon père ayant approuvé le vif désir que j'ai d'être reçu aux jacobins, M. de Sillery m'a présenté vendredi (1).

---

2 *novembre*. J'ai été reçu hier aux jacobins, on m'a fort applaudi; j'ai témoigné ma reconnoissance

(1) Cette société populaire, qui s'est rendue coupable de tant d'excès sous la Convention, fut, dans son principe, composée de tout ce qu'il y avait de remarquable parmi les écrivains, et les membres de l'assemblée constituante qui prirent le parti de la révolution. C'était dans son sein que se discutaient les matières les plus importantes, qui devaient être soumises à la délibération de cette assemblée. Le jeune prince, que son père y avait conduit, ne pouvait se former ailleurs mieux que dans les séances parle-

de l'accueil plein de bonté qu'on vouloit bien me faire, et j'ai assuré que je ne m'écarterois jamais des devoirs sacrés de bon patriote et de bon citoyen.

---

3 *novembre.* J'ai été ce matin à l'assemblée, j'ai été ce soir aux jacobins; on m'a nommé membre du comité des présentations, c'est-à-dire, du comité chargé d'examiner les proposés. Ce comité s'assemble tous les jeudis; j'ai prié un de mes collègues de vouloir bien témoigner mon regret au comité de l'impossibilité où j'étois d'y aller demain.

Châteauneuf, ce 7 novembre. J'ai été à la messe, on ne nous a point encensés; mon grand-père a exigé qu'on observât à la lettre les décrets de l'assemblée nationale. Si on avoit voulu m'encenser, j'étois décidé à ne le pas souffrir. MM. de Gilbert père et fils ont dîné ici aujourd'hui; le fils à dix-sept ans et demi est très-sage, très-honnête et très-aimable : quoique son père et toute sa famille soient aristocrates, cependant il est très-patriote; ce qui m'a gagné le cœur. . . . . Voilà mon petit

mentaires, dans l'art de l'éloquence, aussi nécessaire à un Roi que l'art militaire. Il étudia et pratiqua ce dernier sous de grands capitaines, auxquels il ne céda rien en valeur; sa jeunesse égala l'expérience des plus braves; et comme un héros de Corneille, il fit voir que

« Aux âmes bien nées,
« La vertu n'attend pas le nombre des années. »

(*Note du nouvel éditeur.*)

voyage de Châteauneuf fini, nous partons ce soir à onze heures. Quoique j'aie été très-heureux de passer ce temps avec ma mère et avec mon grand-père, cependant, j'ai éprouvé une vive peine à me séparer de tous ceux avec qui j'ai le bonheur de vivre depuis si long-temps, et en particulier de mon amie (1) que je regarderai toujours comme une seconde mère, et de mon frère que je n'avois jamais quitté. J'ai bien senti dans le cours de ce petit voyage combien tout ce qui étoit à Belle-Chasse m'est cher, et combien il m'en coûtera de m'en séparer pour long-temps.

J'oubliois de dire que quel que fût mon bonheur de revenir avec ma mère, comme elle paroissoit un peu souffrante, je m'étois opposé à ce qu'elle revînt avec moi : je serois revenu dans le cabriolet avec Gardanne ; mais elle a préféré passer la nuit et revenir avec moi ; d'ailleurs, elle dort en voiture.

De Paris, ce 9 novembre. Nous sommes partis de Châteauneuf à onze heures du soir, et nous sommes arrivés à Belle-Chasse à dix heures du matin. Je suis monté à cheval à Angerville, à neuf lieues d'ici ; il faisoit encore nuit : je suis venu à cheval jusqu'à Paris. Le soir, j'ai été aux jacobins ; on m'a nommé censeur (ce sont ceux qui font les fonctions d'huissiers). Comme la salle est beaucoup trop petite pour contenir les amis de la constitution, dont le

(1) Mme de Sillery.

nombre augmente tous les jours, on a nommé des commissaires pour s'occuper de trouver un autre local. On a parlé sur le projet de maison militaire du roi ; M. Mathieu de Mirambal (un jeune homme) a particulièrement bien parlé; j'ai appris aussi que j'avois été nommé de la députation chargée de porter à l'assemblée le projet relatif au serment du jeu de paume (1).

Ce 10 *Novembre.* Hier matin mon père m'a envoyé chercher, m'a reçu avec une bonté extrême, et m'a donné cinquante louis ; j'en ai donné dix à mon frère. Mon père m'a dit qu'il croyoit que je ferois bien d'aller voir Mme de Lamballe. J'y suis allé sur-le-champ, et de là à l'assemblée...... En sortant de l'assemblée j'ai été, avec l'approbation de mon père, dîner chez M. Bonne-Carrère, qui est celui qui a porté la parole à l'assemblée. Il avait à dîner toute la députation, et en outre quelques membres de l'assemblée..... Ce dîner a été très-gai, très-patriote, très-décent.

Séance du 11 *novembre.* M. Biauzat a demandé que l'on chargeât les comités militaire et de constitution réunis de présenter un projet de décret sur la composition de la garde d'honneur du roi. M. de

(1) On croit que ce projet consistoit à faire graver ce beau trait de la révolution. (*Note de l'ancien éditeur L. C. R.*)

Beauharnais a demandé que le roi ne pût jamais commander les armées en personne, et a demandé le renvoi aux deux comités déjà nommés. M. Malouet s'est fortement opposé à ces motions. M. Alexandre Lameth : — On veut toujours présenter les amis de la liberté comme les ennemis du roi. — Les noirs crient : oui, oui, on a raison. — Le côté gauche : non, non. Les vrais amis du roi sont ceux qui ont détruit le ci-devant ordre du clergé et tous les parlemens ; ce sont ceux qui ont délivré la nation de toutes les tyrannies sous lesquelles elle gémissoit depuis si long-temps. Le côté gauche et toutes les tribunes applaudissent avec transport : j'applaudissois aussi. M. de Cassigny Juigné, député du département du Var, et M. de la Cheze qui étoit à côté de lui, demandoient au président qu'on me fît sortir puisque j'avois *l'audace* d'applaudir. Le président leva les épaules ; je continuai mes applaudissemens, et ensuite je pris ma lorgnette pour voir quels étoient les deux membres qui m'avoient interpellé. Ils crièrent : *à bas la lorgnette ;* ce que je ne fis que quand je les eus bien vus et bien reconnus. En sortant de l'assemblée, j'ai été dîner au Palais-Royal, et de-là au comité des présentations. Pour recevoir quelqu'un, il est nécessaire qu'un membre du comité signe sur le dos de la présentation ; j'ai endossé MM. Lebrun, Commegras et Brichard. J'ai ensuite prévenu le comité qu'une personne admise dans le comité et affichée dans la société (M. Muke ou Mecke), étoit intéressée dans un papier intitulé : *la*

Gazette générale, qui est très-aristocrate. Il a été ajourné indéfiniment.

---

16 *novembre*. J'ai été aux jacobins; j'ai demandé la parole, et j'ai dit que l'année dernière l'on avoit eu la bonté de m'admettre avant l'âge fixé, dans la société philantropique; que cette société dépensoit environ cent mille livres, et que cette année, au lieu d'avoir 100,000 livres à sa disposition, elle n'en avoit que 50, parce que des personnes très-riches donnent leur démission, sous prétexte que la révolution leur empêche de donner quatre louis par an. Cela a deux raisons : la première, c'est de pouvoir dire que la révolution a fait tomber ce respectable établissement; la seconde, c'est qu'en diminuant le revenu de la société philantropique, on la force à diminuer le nombre des pensionnés, et on fait un ennemi de la révolution de chaque pensionné réformé qui redemande la pension qui le faisoit vivre, en lui disant : *c'est la révolution qui vous ôte votre pain*. J'ai dit que je croyois qu'il seroit digne de la société des amis de la constitution, de soutenir la société philantropique, et que j'invitois tous ceux qui pouvoient donner quatre louis par an, à vouloir bien s'y faire recevoir, et ceux qui ne le pouvoient pas, à vouloir bien y porter ce dont leur fortune leur permet de disposer. J'ai été très-applaudi; et sur la demande de M. Faydel, on a arrêté de porter à la société philantropique une quête

faite, il y a un mois, pour un malheureux qui l'a refusée.

---

17 *novembre*. J'ai été hier à l'assemblée nationale; on parloit d'Avignon. J'avois oublié de prendre du papier, ce qui fait que je n'ai pas pu prendre de notes.

---

19 *novembre*. Le soir, nous avons été à Brutus. On a fait beaucoup d'allusions. Lorsque Brutus dit : *Dieu, donnez la mort plutôt que l'esclavage*, toute la salle a retenti d'applaudissemens et de bravos; tous les chapeaux en l'air : cela étoit superbe. A un autre vers qui finissoit par ces mots : *Etre libre et sans Roi*, quelques applaudissemens (auxquels, ni moi, ni ceux qui étoient dans la loge, n'ont pris part) se sont fait entendre. On a sur-le-champ crié : vive le Roi ! mais sur l'observation que le cri unique de vive le roi, étoit inconstitutionnel, on lui a substitué le triple cri qui sonne si bien aux oreilles patriotes, et toute la salle a crié : vive la nation, la loi et le roi, et vive la liberté. On a bien vu dans cette représentation la majorité des patriotes sur les aristocrates. Trois ou quatre ont voulu applaudir à leurs allusions; mais on les a forcés au silence.

---

20 *novembre*. J'ai été hier au soir aux jacobins.

M. Pujot, apothicaire et très-bon patriote, avoit prêté sa carte ; on l'avoit mis à part, parce qu'il y a un arrêté qui exclut de la société tous ceux qui prêteront leur carte : chaque récipiendaire est obilgé de le signer. M. Pujot ne l'avoit pas lu. J'ai sollicité l'indulgence de l'assemblée pour ce patriote, et on a ordonné de lui rendre sa carte. J'ai manqué la lecture, parce que j'ai été obligé de rester jusqu'à neuf heures par la politesse de M. Grouvelle qui devoit lire une adresse à l'assemblée nationale, et qui est venu me prier de vouloir bien rester pour l'entendre. Son adresse m'a paru belle, mais un peu longue : j'aurois desiré qu'il eût parlé de religion. J'ai été ce matin à sept heures à l'Hôtel-Dieu, pour voir panser et ensuite panser.... Je suis revenu à huit heures un quart. J'ai dîné aujourd'hui au Palais-Royal avec mon père.

---

24 *novembre.* Encore hier une bonne journée passée presqu'entière à Belle-Chasse (1). Ce matin nous avons été à l'Hôtel-Dieu ; j'ai saigné et vu des malades.

(1) On observera ici, une fois pour toutes, qu'on trouve répété à chaque page cette exclamation : *belle journée ! bonne journée ! superbe journée passée à Belle-Chasse !* Ce qui prouve combien il étoit attaché à Mme de Sillery, qu'il appelle du nom d'amie, et qui résidoit à Belle-Chasse avec ses filles et celle de d'Orléans. (*Note de l'ancien éditeur.*)

25 *novembre*............ Après le dîner, j'ai été aux jacobins; je suis arrivé le premier dans la salle; on m'a prié de passer dans la chambre à côté; on m'a donné à faire le résumé de quelques lettres de provinces, parce qu'à moins que les lettres ne soient très-intéressantes, on n'en lit que des résumés. Un des résumés (non pas des miens) étoit conçu en ces termes : *Une lettre de la société de Foix qui vous fait passer un exemplaire d'une adresse au roi, dans laquelle elle articule un fait contre M. Lambert, contrôleur-général.* On a demandé la lecture de cette adresse, qui est en effet rédigée selon le style de l'ancien régime : votre royaume, vos fidèles sujets verseront jusqu'à la dernière goutte de leur sang pour votre personne sacrée, etc., se trouvent dans cette adresse qui a été interrompue par des murmures auxquels je n'ai pris aucune part. On a demandé de passer au fait, ce qui a été exécuté. Un membre de l'assemblée nationale, député de Foix, a justifié M. Lambert, et a dit qu'il falloit excuser le style de ses compatriotes, parce qu'ils étoient si éloignés de tout, que l'esprit public n'avoit pas encore pénétré chez eux; mais qu'ils chérissoient et bénissoient la constitution. D'après ma demande et d'après celle de plusieurs autres membres, la société a passé à l'ordre du jour. Je suis arrivé à Belle-Chasse à huit heures quelques minutes.

---

26 *novembre.* J'ai été ce matin à l'Hôtel-Dieu;

je panserai moi-même la première fois. Hier, je devois dîner place des Victoires, n° 17, chez Velloni, à 9 livres par tête. MM. Barnave, Lameth, Noailles, Mirabeau, Sillery, etc., qui devoient y dîner, n'y ont point été, parce que M. Brissot qui a indignement calomnié M. Barnave, et qui l'a appelé *un suppôt de la tyrannie*, devoit y dîner. Au lieu de cela, j'ai été dîner à Mousseaux, où étoient madame de Buffon et une autre dame, messieurs Valkiers, Saint-Fare, Belsunce, d'Hanencourt et Scheldon. Après le dîner, on a commencé par jouer au creps; alors, je me suis en allé, et je suis arrivé au comité des présentations aux jacobins. J'ai annoncé la lettre que M. Mecker (1) avoit fait insérer dans le journal de MM. Mercier et Carra; on m'a demandé si je répondois de la vérité de ce qu'elle contenoit; j'ai dit que non. Je suis arrivé à Belle-Chasse à huit heures trois quarts.

---

27 *novembre*. J'ai été hier au soir à l'assemblée. Il y avoit un monde énorme. M. Voidel a fait le rapport des obstacles que les évêques, les chapitres, et une partie des curés, mettoient à l'exécution des décrets sur la constitution civile du clergé, de leurs protestations ou déclarations. Il a rapporté, entr'autres, la conduite d'un curé près de Péronne, qui, non content d'exciter le peuple à refuser les

(1) Voir l'article du 11 novembre.

impôts, l'excitoit encore à massacrer ceux qui les lui demanderoient. J'avois pris des notes sur toute la discussion pour l'écrire; mais comme je suis arriéré de trois jours, cela m'est impossible.

1er *décembre* 1790. J'ai dîné hier chez mon grand-père à l'hôtel Toulouse ; ma mère y dînoit aussi. Je suis revenu à Belle-Chasse à quatre heures un quart. Quoique je sois enchanté de dîner souvent avec ma mère, cependant tout ceci ne va point comme je l'espérois avant : j'espérois pouvoir continuer mes études sans presqu'aucune interruption; mais je me suis trompé, et cette erreur m'afflige sensiblement; sur sept jours de la semaine, je ne peux en donner que trois à mon cher Belle-Chasse : cela me fait beaucoup de peine.

---

2 *décembre* 1790. J'ai été hier matin à l'Hôtel-Dieu, j'ai pansé deux malades, j'ai donné à l'un six livres, à l'autre trois livres. J'ai dîné hier à Belle-Chasse. J'ai été un moment à l'assemblée; on parloit de dépense des bureaux. J'ai été le soir de bonne heure aux jacobins; nous avions à élire un président et un secrétaire, membres de l'assemblée nationale (1). J'ai donné ma voix à MM. de Mirabeau

(1) Un article du réglement des jacobins vouloit que le président et un des quatre secrétaires de la société, fussent choisis dans les membres de l'assemblée nationale. On prenoit le vice-

et Beauharnais; ils ont réuni la majorité des suffrages. M. Barnave a très-bien parlé sur le club des soi-disant représentans des gardes nationales de France (M. de Lafayette leur a accordé le droit d'envoyer tous les jours deux d'entr'eux chez le Roi, qui font les fonctions de chevau-légers); ils sollicitent la même faveur auprès de l'assemblée nationale. M. Barnave a fait sentir combien il seroit impolitique de permettre que les gardes nationales fissent un corps, qu'on ne devoit point séparer les soldats des citoyens, etc. J'ai été nommé censeur.

---

3 *décembre* 1790. J'ai dîné hier au Palais-Royal: en sortant, j'ai été au comité des présentations aux jacobins; j'ai endossé MM. Lecouppey, Conad et Alyon; j'ai encore endossé MM. Hénézet et Issonrah. J'avois informé du premier, et l'information lui avoit été favorable; le second m'étoit recommandé par M. Myris qui s'est rendu caution de son patriotisme. M. Bonne-Carrère a lu un projet de règlement dont le comité étoit chargé par la société. Un article portoit que nul ne pourra être admis avant l'âge de vingt et un ans, à moins d'un cas particulier. J'ai demandé que l'âge fût fixé à 18, en disant qu'à 18 on étoit bien en état de suivre une délibération; que la société n'ayant aucun caractère légal,

président et les autres secrétaires indistinctement dans les membres de la société. (*Note de l'ancien éditeur.*)

on devoit la regarder comme une école, et qu'alors il étoit important d'y admettre de bonne heure les jeunes gens, parce que leur timidité seroit plus aisément vaincue, et qu'ils pourroient quelque jour défendre les droits sacrés de la nation dans la tribune de l'assemblée nationale. On n'a pas trouvé mes raisons suffisantes, et on a rejeté mon amendement. J'ai dit alors que j'avois un intérêt dans cet amendement, que mon frère désiroit ardemment être admis dans cette société, et que cela le rejetoit bien loin. M. Collot-d'Herbois m'a dit que cela ne lui feroit rien, que quand on avoit reçu une éducation comme la nôtre, on étoit dans le cas des exceptions; je l'ai remercié et je me suis en allé : je suis arrivé à Belle-Chasse à huit heures trois quarts. J'ai été ce matin à l'Hôtel-Dieu, j'ai pansé.

---

6 *décembre* 1790. J'ai dîné hier au Palais-Royal avec ma sœur et mes frères; après le dîner, M. de Cubières a fait voir un optique. Pendant ce temps je suis sorti avec Edouard, et j'ai été chez Bailly, libraire. Je lui ai dit, ainsi qu'à sa femme, que je protégeois beaucoup Topin, que son honnêteté et sa probité m'étoient bien connues, qu'il aimoit leur fille depuis six ans, et que j'espérois qu'ils voudroient bien la lui donner. Cela n'ayant souffert aucune difficulté, j'ai donné à Topin la clef de sa chambre, et je suis revenu au bout d'un quart d'heure à l'optique de M. de Cubières. Nous sommes revenus à

Belle-Chasse à six heures. Nous y avons trouvé MM. Voidel et Volney qui y sont restés jusqu'à neuf heures. Il est impossible d'être plus aimables. Ce matin, j'ai été à l'Hôtel-Dieu, j'ai pansé.

---

8 *décembre* 1790. Encore hier journée entière à Belle-Chasse. Ces journées me resteront et me font un bien que je ne peux pas dire. J'ai été ce matin à l'Hôtel-Dieu, j'ai pansé.

---

15 *décembre* 1790. Hier matin j'ai mené M. Saiffert au Panthéon pour le lui faire voir, parce qu'il cherche un local pour les jacobins. J'ai été de-là à l'assemblée chercher un billet de loge pour mon amie, ensuite j'ai été monter à cheval.....

---

18 *décembre*. Hier j'ai été dîner au Palais-Royal, où étoient Mmes de Lacharce, de St.-Simon, MM. de Lacharce, de Menou (le joueur) de Thiars, de Bercheng, etc. Il n'a été question que de jeu. On y mettoit quelques plaisanteries d'une aristocratie dégoûtante. Après le dîner, on a joué au svlsk pendant lequel je me suis en allé. Tous ces joueurs ne sont venus dîner que par erreur, ils devoient venir souper dimanche et jouer ensuite au creps. Voilà la raison que m'en a donnée ma mère, à qui je n'ai pas pu m'empêcher de demander la cause de cette

pluie de joueurs. J'ai été ensuite aux jacobins, et de-là à Belle-Chasse à huit heures pour la lecture.

---

20 *décembre.* Hier j'ai passé toute la journée dans mon petit Belle-Chasse. Il y avoit toujours les mêmes députés, MM. Voidel, Sillery, Barrère et Volney. J'ai été ensuite à l'Hôtel-Dieu.

---

22 *décembre.* Hier j'ai été à l'assemblée. On avoit décrété avant hier que chacun des ci-devant princes apanagistes auroit en remplacement une rente apanagère d'un million partageable entre tous ses enfans mâles, à l'exclusion des filles. Hier on a accordé à chacun des frères du Roi une rente viagère d'un million, et à mon père un million pendant vingt ans, affecté au paiement de ses créanciers. J'ai dîné à Belle-Chasse; à six heures et demie je suis venu au Palais-Royal avec mon amie à un concert chez M. Myris. Comme sa chambre étoit trop petite, on s'est transporté dans mon appartement. C'est la première fois qu'il y a eu du monde. Je suis bien aise que c'est à l'occasion d'un mariage (c'était pour le mariage de Topin). Dieu veuille que cela soit d'un bon augure pour moi; car j'attends mon mariage avec bien de l'impatience.

---

24 *décembre.* J'ai été hier soir au comité des pré-

sentations. M. Cara a dit que l'on répandoit que l'on nous feroit sauter, en mettant de la poudre dans la cave. J'ai dit que cela étoit absurde, que l'on n'oseroit pas. On a demandé que nous allions visiter les caves; j'ai dit que cela n'avoit pas d'inconvéniens, mais que cela étoit inutile. On a nommé trois commissaires, qui étoient MM. Fevelat, Carra et moi. Nous avons fait la visite des caves où il y avoit beaucoup de vin, mais rien qui pût inquiéter. J'ai endossé M. Potocki.

---

25 *décembre*. Je me suis confessé hier matin, j'ai dîné au Palais-Royal, j'ai été de-là à la société philantropique; je n'ai pu revenir qu'à huit heures. On faisoit de la musique. A neuf heures et demie, comme je croyois que je pourrois faire mes dévotions à Belle-Chasse et rester au réveillon, j'ai été à l'assemblée qui était finie; je suis resté un quart d'heure à attendre, afin qu'en arrivant à Belle-Chasse, je pusse trouver mes frères partis. Tout cela arriva comme je l'avois prévu; mais mon amie ne m'ayant pas permis de rester, je revins à pied au Palais-Royal à dix heures et demie. Je trouvai tout le monde à souper; je m'excusai le mieux que je pus. Après le souper, étant rentré dans ma chambre pour dire quelques prières, Edouard m'apporta un billet de mon amie, qui, pour me consoler de ce qu'elle m'avoit renvoyé de Belle-Chasse, me promettoit qu'elle me garderoit dans sa chambre les

soirs quand elle auroit du monde, et que je n'irois pas le lendemain à l'Hôtel-Dieu. Cette promesse et les expressions tendres de son billet m'ont comblé de joie. J'ai été à la messe de minuit à Saint-Eustache; je suis rentré à deux heures, et couché à deux heures et quart. J'ai fait mes dévotions à cette messe.

---

26 *décembre*. Hier j'ai passé toute la journée à Belle-Chasse; j'ai été bien heureux. Le soir, je n'ai pas osé rentrer chez mon amie, quoiqu'elle m'eût traité parfaitement bien dans la journée, et que Mme de Valence fût chez elle. J'ai eu peur que, par excès de bonté pour moi, elle ne se gênât pour me procurer le bonheur d'être avec elle.

1er *janvier* 1791. J'ai dîné hier à Belle-Chasse.... Le soir, après le souper, je suis rentré chez mon amie; j'y suis resté jusqu'à minuit et quelques minutes : j'ai été le premier qui ait eu le bonheur de lui souhaiter *la bonne année*. On ne peut pas me rendre plus heureux; en vérité, je ne sais pas ce que je deviendrai quand je ne serai plus avec elle.

---

2 *janvier*. J'ai été hier matin aux Tuileries en habit de l'ordre. Grâces à mon père, on a quitté la liste aristocratique des princes, pairs et ducs, etc.,

et on a appelé par ancienneté, à l'exception de Monsieur et de M. d'Artois qui ne l'ont pas été. Monsieur a pris le même rang que quand il était prince. M. le cardinal de Larochefoucaud a pris la place des cardinaux, et n'a pas répondu à l'appel. On a encensé l'évêque de Senlis qui officioit. La Reine a parlé à mon père et à mon frère, et ne m'a rien dit. Personne ne m'a rien dit, ni le Roi, ni Monsieur, ni personne enfin. A Belle-Chasse, à deux heures et demie, dîné au Palais-Royal, et le soir, reçu des visites jusqu'à neuf heures et demie; soupé, rentré et resté chez mon amie jusqu'à minuit et demi. Rien au monde n'est aimable comme elle.

---

5 *janvier*. Hier, j'ai été à l'assemblée, on discutoit les jurés. M. Duport ne vouloit pas que les dépositions fussent écrites, MM. Robespierre et Goupil insistoient pour qu'elles le fussent; on n'a rien décrété. A deux heures, on s'est occupé du serment des évêques et curés, membres de l'assemblée. On a décrété que le président (M. Emery) les interpelleroit : ils ont refusé le serment. On a décrété, après beaucoup de débats, que le président se retireroit par devers le Roi, pour le prier de faire exécuter le décret envers les membres de l'assemblée qui n'ont pas prêté le serment. Je n'en suis sorti qu'à quatre heures et demie; j'ai été sur-le-champ à Belle-Chasse pour y porter des nouvelles à mon amie. A cinq heures et demie, nous avons

été à la comédie Française; on donnait la première représentation du *Despotisme renversé*, de M. Harny. C'est la révolution mise en action, la prise de la Bastille, etc. Cette pièce a eu le plus grand succès. On a demandé l'auteur, et on lui a donné une couronne. Ce matin, j'ai été chez M. Harny, il n'étoit pas chez lui.

---

7 *janvier*. J'ai été ce matin à l'Hôtel-Dieu, en fiacre, parce que la voiture n'étoit pas arrivée et qu'il pleuvoit beaucoup. J'ai pansé et saigné trois femmes. En revenant, j'ai été chez M. Harny, que j'ai enfin trouvé. Je l'ai embrassé, et lui ai témoigné le mieux que j'ai pu, le plaisir que m'avoit fait sa pièce : il m'a paru que ma visite lui faisoit grand plaisir.

---

8 *janvier*. J'ai été hier matin à l'assemblée, aux jacobins à six heures. M. de Noailles a présenté un ouvrage sur la révolution de M. Joseph Tower, en réponse à celui de M. Burke; il en a fait un grand éloge et a proposé de m'en nommer traducteur. Cette proposition a été accueillie par de nombreux applaudissemens; j'ai accepté, comme un nigaud, en témoignant la crainte que j'avois de ne pas pouvoir parvenir à remplir leurs vues. Je suis rentré à sept heures un quart. Le soir, mon père m'a dit qu'il ne le vouloit point, et que je me déga-

geasse dimanche aux jacobins; j'exécuterai ses ordres.

---

10 *janvier*. J'ai dîné hier à Belle-Chasse avec les députés ordinaires, et de plus M. de la Touche. Le soir, j'ai été aux jacobins avec MM. de Sillery et Voidel : j'ai dit (par l'ordre de mon père), *que n'étant pas en état de faire un ouvrage, je ne me chargerois que de la traduction littérale, et M. Pieyre la rédigeroit et y mettroit son nom.* Cette proposition a été adoptée.

---

12 *janvier*. J'ai passé hier toute la journée à Belle-Chasse à faire ma traduction.

---

23 *janvier*. Dîné jeudi à Mousseaux; il y faisoit une chaleur horrible occasionnée par des tuyaux de chaleur : j'avois un très-grand mal de tête. En sortant pour aller aux jacobins au comité de présentation, je fus saisi du froid; j'endossai MM. Galand, Topin et Gaspard-Fontaine, dont le patriotisme m'étoit certifié par M. Lebrun. J'allai de-là à Belle-Chasse; je voulois encore faire la veillée, malgré mon mal de tête, et quoique j'eusse beaucoup de fièvre; mais mon amie me renvoya, en disant que je devois aller demain à l'Hôtel-Dieu. En rentrant, j'envoyai chercher M. Conad qui me trouva beau-

coup de fièvre. J'ai sué le lendemain toute la journée, je me suis un peu levé à neuf heures et demie du soir; j'ai mis mes pieds dans l'eau, et je me suis recouché à dix heures et demie. Ma mère est venue me voir plusieurs fois; mon amie m'a écrit deux lettres charmantes, qui m'ont plus soulagé que tous les remèdes de la pharmacie. Le lendemain, levé à midi. Aussitôt que j'ai eu dit mes prières et mon office, je me suis empressé d'écrire à mon amie; mon père est venu me voir, et il est resté une demi-heure : ensuite, j'ai mangé une soupe et une pomme cuite, et j'ai lu de Paul et Virginie. A sept heures un quart, mon amie est venue me voir. J'ai donné du thé, des glaces, des mousses, etc. Cette visite m'a fait le plus grand plaisir. J'ai donné ensuite à souper à MM. Myris et Giroust. Pendant le souper, ma mère est venue avec madame de Lamballe.

---

7 *février*. Hier toute la journée à Belle-Chasse, où ont dîné MM. Voidel, Sillery, Barrère et Volney. Mon amie et M. Barrère ont enfin signé le contrat et la donation. (Barrère étoit tuteur de mademoiselle Paméla.)

---

8 *février*. Hier, un moment à l'assemblée, ensuite chez M. de Rochambeau, pour lui demander comment je pourrois faire pour que mon régiment

se trouvât dans son armée. Il m'a dit qu'il demandoit de la cavalerie à M. Duportail, parce qu'il en manquoit, et que je n'avois qu'à demander d'aller à Béthune. De-là à Belle-Chasse, puis dîné au Palais-Royal, ensuite aux jacobins; retourné à Belle-Chasse. Après le souper, rentré chez mon amie. Je suis resté seul avec elle; elle m'a traité avec une bonté infinie, et j'en suis sorti le plus heureux des hommes.

---

9 *février*. Hier, j'ai été à un nouveau club, hôtel des États-Généraux, rue de Richelieu, dont je suis fondateur, signer un réglement par lequel on s'engage à ne point jouer aux jeux de hasard. De-là chez M. Duportail qui m'a répondu que cela étoit difficile, mais qu'il feroit tout ce qu'il pourroit.

---

13 *février*. Hier à onze heures, j'ai été à l'assemblée : on y discutoit la question du tabac, c'est-à-dire, si vous seriez maître de votre champ, oui ou non; car y a-t-il rien de plus injuste que de dire à un homme : ce champ est votre propriété, mais vous ne pourrez pas y semer telle ou telle chose; j'aurai le droit d'aller quand je le voudrai et autant que je le voudrai dans votre jardin, dans votre maison, voir si vous n'y aurez pas planté du tabac, si vous n'en avez pas caché. Aucun français ne souffrira, comme l'a fort bien dit M. Rœderer, une pa-

reille inquisition; il se rappellera votre déclaration des droits, et il fera usage du droit de l'insurrection, etc. Ce discours de M. Rœderer étoit très-beau et péremptoire à mon avis. On a décrété, à l'appel nominal, la liberté du tabac, à une majorité de douze voix.

---

17 *février*. J'ai été nommé aux jacobins un des commissaires chargés d'examiner le plan d'éducation publique de M. Léonard Bourdon, ci-devant Lacronière : je suis arrivé à cinq heures au rendez-vous. M. Bourdon a commencé à nous entretenir de son plan, ce qui a duré jusqu'à huit heures.

---

27 *février*. Hier matin à dix heures, j'ai été chez M. Millin, l'auteur de la Chronique : je voulois le prier de mettre dans son journal un article sur la résidence des fonctionnaires publics; il y a consenti.

---

10 *mars* 1791. J'ai été aux jacobins. D'abord je suis resté un quart-d'heure à la société fraternelle, puis je suis monté. On ne vouloit pas faire à l'assemblée nationale le rapport de l'affaire du curé d'Issi-l'Évêque, disant qu'il y avoit un décret judiciaire et que l'assemblée ne pouvoit pas l'annuler. Cependant, M. Merle en fit le rapport à la société,

et il dit ensuite que le 25 le tribunal d'Orléans seroit en activité et s'occuperoit de cette affaire. Après cela, j'ai demandé la parole, et j'ai dit : il y a un décret de l'assemblée nationale, qui porte que la haute cour nationale ne pourra juger que ceux contre lesquels l'assemblée nationale aura décrété qu'il y avoit lieu à accusation; qu'ainsi il falloit rapporter l'affaire à l'assemblée nationale, afin qu'elle décidât si les accusations faites contre le curé d'Issi-l'Évêque étoient de nature à être renvoyées au tribunal d'Orléans, ou aux tribunaux ordinaires, et ensuite s'il y avoit lieu à accusation. M. Merle m'a répondu que cela n'étoit décrété que pour l'avenir, et non pas pour les affaires déjà commencées. J'ai répondu alors qu'il me paroissoit que le tribunal d'Orléans avoit un bien grand pouvoir, puisqu'il devoit décider d'abord si les accusations étoient de sa compétence, ensuite s'il y avoit lieu à accusation, si l'accusé étoit coupable et quelle peine il méritoit; que c'étoit au corps législatif à décider d'abord s'il y avoit lieu à accusation ou non, et que je demandois qu'on en fît le rapport. La société a arrêté d'inviter M. Merle à engager le comité des rapports, à l'autoriser à en faire le rapport à l'assemblée.

---

25 *mars*. Comme nous allons, actuellement qu'il fait beau, recommencer nos courses, j'ai prévenu ma mère que je ne pourrois plus dîner chez elle que deux fois la semaine. Elle l'a trouvé très-bon, et

m'a dit que ce qui me convenoit lui conviendroit toujours, et qu'elle étoit bien sûre que j'irois toujours dîner chez elle autant que je le pourrois, mais qu'elle ne vouloit point que je me gênasse.

---

2 *avril* 1791. Hier j'ai eu une longue conversation avec mon père et mon amie ; j'en écrirai le sujet dans quelque temps (1).

---

22 *mai* 1791. Les malheurs que nous avons éprouvés depuis six semaines, les soins que j'ai donnés à ma pauvre sœur, mes occupations, mon établissement dans mon appartement nouveau, etc., m'ont fait suspendre ce journal. Je vais le reprendre : j'y rendrai compte de toutes mes actions et même de tous mes sentimens. En lisant ceci, on lira dans mon âme, rien n'y sera omis, soit de bien, soit de mal. Depuis un an environ, ma jeunesse me livre des combats presque continuels, je souffre beaucoup ; mais cette douleur n'a rien d'amer, au contraire, elle me fait envisager un heureux avenir. Je pense au bonheur dont je jouirai quand j'aurai avec moi une femme aimable et jolie, qui me donnera un moyen légitime de satisfaire ces désirs ardens dont je suis dévoré. Je sens bien que ce moment est encore

(1) Il paroît que cette conversation n'a pas été écrite, à moins qu'elle ne l'ait été sur deux feuillets qui manquent et qui semblent avoir été coupés à dessein. (*Note de l'ancien éditeur.*)

éloigné, mais enfin il viendra. Voilà ce qui me soutient ; sans cela, je succomberois et je me livrerois à tous les déréglemens des jeunes gens. O ma mère ! (madame de Sillery), que je vous bénis de m'avoir préservé de tous ces maux, en m'inspirant des sentimens de religion qui font ma force ! Si je n'avois pas la certitude d'une seconde vie, et si je ne savois pas que, de ma part, une faute de ce genre seroit un coup de poignard........ (1).

De Vendôme, 15 *juin* 1791. Parti hier matin de Paris, à onze heures et demie, avec M. Pieyre. J'avois

(1) Le premier éditeur observe que la suite de ce passage, écrit sur une feuille détachée, ne s'est pas trouvée. Arrêtons nos yeux sur cette peinture, aussi gracieuse que naïve, digne du pinceau de l'Albane. Quoi de plus touchant que l'expression des premiers mouvemens d'un cœur sensible, qui s'ouvre aux feux de l'amour, dans les beaux jours de l'adolescence qui sont encore ceux de l'innocence ! La même situation et la même naïveté se retrouvent dans la charmante pastorale de Daphnis et Chloë, traduite par Amyot, et dont un des ancêtres du duc de Chartres, le Régent, a publié une magnifique édition ornée de gravures d'après ses dessins ; mais il y manque ce que l'éducation naturelle de ces bergers n'a pu leur donner, et ce qui, au contraire, a été le fruit de l'éducation chrétienne et philosophique qu'a reçue l'auteur de ce Mémorial ; la moralité qui résulte de la répression de ces mouvemens impétueux, et du sacrifice de la passion au devoir. L'Héloïse de Rousseau contient aussi de semblables images, exprimées avec le coloris d'un grand peintre ; malheureusement elles sont ternies par le sacrifice de la vertu à la passion, consommé avant le retour de la passion au devoir, qui est l'objet moral de ce roman d'ailleurs sublime. Il appartenait au pinceau suave et pur, qui a peint Paul et Virginie, de nous présenter le parallèle sans tache

été dire adieu encore une fois à tout mon cher Belle-Chasse ; j'ai été voir à Maintenon les aqueducs : les arcades sont d'une très-belle proportion ; il y en a environ quarante-cinq, je ne sais pas exactement leur hauteur. Louis XV les a abîmés, en en faisant ôter toutes les pierres de taille avec lesquelles il a fait bâtir à Mme de Pompadour le château de Cressy. Ces aqueducs furent bâtis pour une femme et abîmés pour une autre. J'ai vu la cathédrale de Chartres, elle est finie et très-belle ; le groupe de l'Assomption m'a paru mieux que la dernière fois que je le vis en revenant de Bretagne ; il est de M. Bridau et d'un seul bloc de marbre. Couché à Bonneval à la poste, assez mauvaise auberge ; le lendemain je suis parti de Bonneval à huit heures, je me suis arrêté à Château-Dun, j'ai écrit à mon amie et à mon frère, j'ai déjeûné et suis arrivé ici à deux heures un quart. Quelque temps après est venu M. Lagrendu, premier lieutenant-colonel, et bientôt après MM. les officiers. Leur accueil a été très-froid, le lieutenant-colonel a été bien. J'ai dîné à l'auberge, il a assisté à mon dîné et nous a priés de

du tableau, dont nous nous plaisons à faire remarquer les traits, dans ce passage où, après avoir tracé la situation des deux amies délaissées, qui se consolent par leur amitié mutuelle et par la vue de leurs aimables enfans, l'auteur dit : « Tout entre elles était com- » mun. Seulement, si d'anciens feux plus vifs que ceux de l'amitié » se réveillaient dans leur ame, une religion pure, aidée par des » mœurs chastes, les dirigeait vers une autre vie, comme la flamme » qui s'envole vers le ciel lorsqu'elle n'a plus d'aliment sur la » terre. » (*Note du nouvel éditeur.*)

dîner demain chez lui. Notre après-midi s'est passé à savoir où nous nous établirions, cette maison-ci étant horriblement chère. Nous avons fait semblant de déménager et d'aller loger à l'auberge; mais tout a été inutile. Il a fallu consentir à tout ce qu'ils ont voulu, nous en avons été quittes pour un déménagement qui a duré près de quatre heures : nous n'avons pas pu trouver une autre maison, et nous sommes revenus chez M. de Perrignat. Dans l'après-midi j'ai été chez tous les officiers leur rendre leur visite, je n'ai trouvé que M. de Lagondie; j'irai demain chez le maire, le président du district, etc.

---

16 *juin, à* 8 *heures.* Hier après le souper, couché à neuf heures un quart, levé ce matin à quatre heures trois quarts; à six heures, j'ai été dans toutes les écuries avec les lieutenans-colonels; rentré à sept heures et demie j'ai déjeûné, j'ai écrit à mon père, et j'ai fait mon arrangement; j'ai déballé toutes mes affaires, et je suis à présent entièrement établi. A dix heures un quart est venu M. de Lagondie; à onze heures je me suis rendu avec lui sur la place, les officiers ont fait un cercle, les guidons au milieu. M. de Lagondie a notifié aux officiers, sous-officiers et dragons, de me reconnoître pour leur colonel : on a ensuite apporté chez moi les guidons et la caisse du régiment. MM. les officiers sont venus me faire visite, ensuite j'ai été à la parade, puis dîner à l'auberge avec MM. les officiers;

ils ont été fort bien, ils ont bu à ma santé, j'ai bu à la leur et à celle de tout le régiment; ensuite j'ai été faire visite au président et au procureur du district, au maire et au procureur de la commune, au commandant de la garde nationale, au président du tribunal et au commissaire du Roi. Rentré, écrit ce journal et parti pour les amis de la constitution : j'y ai été reçu avec de nombreux applaudissemens. M. le président m'a adressé un discours sur l'exemple que je donnois, et sur le plaisir qu'éprouvoit la société à me voir assis parmi ses membres. J'ai répondu (je ne m'étois pas préparé) que je ferois tout ce qui dépendroit de moi, pour justifier l'accueil favorable que vouloit bien me faire la société; que toute ma vie seroit consacrée au service de la patrie, et que j'espérois que le quatorzième régiment que j'avois l'honneur de commander, seroit toujours dans l'état florissant où je le trouvois, et qu'il continueroit à être l'exemple de la subordination, de la discipline et du patriotisme. Rentré à sept heures un quart, écrit à ma mère et à mon amie, soupé, dit mon office, mes prières, et couché à neuf heures et demie.

---

17 *juin*. J'ai été ce matin aux écuries; il n'y avoit point d'officiers, il doit toujours y en avoir un. En revenant, j'ai été voir les recrues et les secondes classes au manège. A dix heures, je suis rentré et j'ai déjeûné; après mon déjeûné, MM. Dubois

et de Gase sont venus me voir : puis j'ai écrit à mon amie; ensuite à la parade. Rentré avec M. de Lagondie; dîné à une heure avec lui et M. de Rouillon : à trois heures, le comité d'administration : on m'a remis une clef de la caisse du régiment; ensuite j'ai été faire la visite de toutes les chambres; elles sont fort propres et n'ont aucune odeur, mais toutes dispersées. Les dragons m'ont fait très-bonne mine; je me sens beaucoup d'inclination pour ce régiment, je l'aime déjà beaucoup. Le soir, j'ai écrit à mon amie; j'ai reçu la visite du maire; je l'ai prié de s'adresser directement à moi pour tout ce qui pourroit intéresser la tranquillité publique, et pour toutes les relations du régiment avec la municipalité. Soupé à huit heures et demie, couché après.

---

18 *juin*. Ce matin aux écuries à six heures; tous les officiers étoient à leur poste. J'ai été à l'hôpital, j'ai vu les vénériens : ils étoient honteux et se cachoient dans leurs lits; j'ai dit que j'espérois que ce qu'ils éprouvoient, les rendroit plus sages à l'avenir : il y en a sept actuellement. En rentrant, j'ai écrit ce journal : la musique est venue, et tout de suite elle a joué *ça ira* sans que je le demande; je leur ai donné deux louis. J'ai été ensuite un moment à la promenade avec M. Pieyre. A une heure, dîné avec MM. Damonville, Ducasting et Roussel : on ne peut leur faire parler des affaires. M. Damonville me paroît avoir de l'esprit; je cherche envain à le

faire parler; on ne peut en rien tirer. J'ai été chez le maire, il n'y étoit pas; en revenant, je suis entré aux amis de la constitution. Un sous-lieutenant (M. Perrin) m'a demandé la permission de m'y suivre, ce qui m'a fait le plus grand plaisir : j'y ai trouvé les deux adjudans du régiment, mes maréchaux-des-logis, et beaucoup plus de dragons que la première fois.

---

19 *juin.* A six heures, aux écuries. M. de Giffard n'étoit pas à son poste; M. Perrin y étoit. J'ai été aux amis de la constitution, les présidens n'y étoient pas : on m'a nommé président par intérim; j'ai fait beaucoup de difficultés. J'ai dit que je ne pourrois pas rester long-temps, que j'avois des lettres à écrire, et que c'étoit le courrier de Paris : tout a été inutile, il a fallu présider; j'ai donc présidé : au bout d'une demi-heure, j'ai dit que j'étois obligé de me retirer pour affaires. J'oublie de dire qu'hier je me suis rendu chez le maire, pour lui représenter qu'il étoit absolument indispensable de faire sortir de la ville toutes les filles qui infectoient notre régiment : il m'a promis de ne rien négliger pour les faire sortir de la ville; mais il m'observa qu'il ne pourroit les chasser, que dans le cas où elles troubleroient l'ordre public. MM. les officiers parloient et rioient à la messe, je leur ai enjoint d'y être en silence et d'y avoir un maintien décent : j'ai décidé, en outre, qu'un officier aux arrêts sortiroit pour la messe.

20 *juin.* Ce matin à six heures, aux écuries; il pleuvoit à verse. En sortant d'une des écuries de M. Mastin, je rencontre M. de Lagondie, qui me dit : comment, monsieur, vous allez aux écuries par le temps qu'il fait? — Monsieur, rien ne m'arrête quand je remplis mon devoir. — Mais vous ne devriez pas vous prodiguer autant, il vaudroit mieux que les dragons vous vissent moins fréquemment. — Je ne vois pas de raison pour cela. — Il est très-dangereux de faire perdre aux dragons cette crainte que leur inspire votre cordon bleu, et la pensée que vous êtes un Bourbon. — Loin de croire qu'il soit dangereux de faire perdre aux dragons la crainte dont vous parlez, je désire fort que ce soit ma personne qui soit respectée, et non pas toutes ces balivernes. — C'est avec des balivernes qu'on mène les hommes : s'il m'étoit permis de vous donner un conseil sur le club, je vous dirois qu'à votre place je n'aurois pas refusé cette place de distinction qu'on vouloit vous donner; car il me semble d'un danger éminent que vous soyez assis sur le même banc qu'un dragon; cela l'habitue à vous regarder comme son égal. — J'aurois plutôt mangé cette chaise que de recevoir une distinction quelconque; je les déteste, et je ne croirai jamais qu'elles soient nécessaires à la discipline d'un régiment. Je vous déclare qu'autant je respecte un ancien militaire, qui porte la marque des services qu'il a rendus à sa patrie, autant je méprise celui qui passe sa vie dans des anti-chambres pour

obtenir un ruban bleu. Voilà mon opinion sur les distinctions honorifiques : vous avez la vôtre, il m'est impossible de changer la mienne ; ainsi, changeons de conversation. — Je n'ai plus qu'une seule observation à vous faire ; c'est que souvent le subordonné s'ennuie de voir toujours la figure de son supérieur, et que si vous allez tous les jours à l'écurie, vos dragons s'ennuieront de vous voir, et vous leur deviendrez désagréable. — Je vous suis infiniment obligé ; mais vous me permettrez de croire que je ne me rendrai pas *désagréable* aux dragons, en montrant beaucoup de zèle et d'assiduité à remplir mes devoirs, et en étant toujours le premier à mon poste : mais quand cela seroit, cela ne m'empêcheroit pas de remplir mes devoirs, et si je cédois à cette considération, on pourroit justement me taxer de foiblesse. J'ai été au manège, écrit, réglé les comptes de Boulanger et de Level, que je renvoie à Paris, parce qu'ils n'ont pas l'ordre et l'économie qui me conviennent.

---

27 *juin.* Les grands évènemens qui sont arrivés depuis mercredi, m'ont empêché de continuer ce journal. Le jeudi 23, j'assistai à la tête du régiment à la procession du St.-Sacrement. Je fus requis par la municipalité *de doubler la garde, de faire arrêter toutes les voitures, et d'employer toute l'énergie dont sont capables les braves patriotes que je commande, pour assurer la tranquillité publique.*

A midi, je fis rentrer le régiment, avec ordre de ne pas quitter leurs bottes et de ne pas déseller leurs chevaux. Je priai à dîner MM. Dubois, d'Albis, Jacquemin et Philippe. On vint nous avertir que le peuple étoit attroupé, et qu'il vouloit pendre deux prêtres. J'y courus sur le champ : je fus suivi de MM. Pieyre, Dubois, d'Albis. J'arrivai devant la porte d'une auberge où étoient dix ou douze gardes nationaux, le maire, le procureur de la commune et une grande affluence de peuple, criant : *Ils sont violateurs de la loi, il faut qu'ils soient pendus : à la lanterne.* Je demandai au maire ce que c'étoit que tout cela, et qu'est-ce qu'il y avoit. Il me dit : C'est un vieux prêtre et son père qui sont dans cette maison : on prétend qu'ils ont insulté M. Buisson, vicaire assermenté, qui portoit le St.-Sacrement, et je ne suis pas maître du peuple; j'ai envoyé chercher une voiture pour les emmener; voulez-vous bien faire venir deux dragons pour les escorter? J'y ai envoyé sur le champ. Le maire étoit immobile devant cette porte, sans ouvrir la bouche. Je m'adressai à ceux qui me paroissoient les plus échauffés, et je leur fis sentir combien il étoit horrible de pendre des gens, sans les juger; que c'étoit d'ailleurs faire un métier qu'ils regardoient comme infâme, celui de bourreau; qu'ils avoient des juges, et que c'étoit leur affaire. Ils me répondirent que leurs juges étoient aristocrates, et qu'ils ne punissoient pas les coupables. Cela est votre faute, leur dis-je, puisque c'est vous qui les avez nommés; mais il ne faut pas pour cela vous faire justice à vous-mêmes. Il y avoit un grand murmure : une voix crie, nous leur ferons grâce en faveur de M. de Chartres. Oui, oui, oui, s'écrie tout le peuple; c'est un bon patriote, il nous a tous édifiés ce matin : faites-les descendre, nous ne leur ferons rien. Je leur ai dit, vous me le promettez: oui, oui, on ne leur fera rien. Je suis monté dans la chambre où étoient ces deux malheureux, et je leur ai demandé s'ils vouloient s'en fier à moi; ils m'ont dit qu'oui. Je suis descendu devant, et j'ai dit au peuple de ne pas oublier ce qu'il m'avoit promis. Nouveaux cris du peuple : soyez tranquille, on ne leur fera rien. J'ai crié au postillon, amenez la voiture. Aussitôt on se met à crier : point de voiture, à pied, à pied, que nous ayons le plaisir de les huer et de les chasser honteusement. Eh bien! à pied, ai-je dit, cela m'est égal; car vous êtes de trop braves gens pour oublier vos promesses. Nous partons au milieu des huées et d'un déluge d'injures; je donnois le bras à l'un de ces hommes : le maire étoit de l'autre côté, et le curé donnoit le bras à MM. Dubois et d'Albis : je ne songeai guère dans ce premier moment, de manière que je pris le chemin de Paris. Tout le peuple nous suivoit, en chantant la chanson du Champ-de-Mars, et en faisant un tapage terrible. Un homme accourt en criant, à la lanterne tous ces b.... là. Il a failli y être mis pour avoir prononcé ce mot, parce que, disoit le peuple, nous avons promis à M. de Chartres qu'on ne leur feroit rien, et il faut tenir sa parole. Le maire demanda à l'un de nos deux hommes où il vouloit aller : à Blois, lui dit-il; c'étoit précisément le chemin opposé à celui que nous prenions. Le maire vouloit les faire retourner et traverser toute la ville; je m'y suis opposé, et nous avons changé de chemin, mais sans rentrer dans la ville. Nous avons passé sur un petit pont de planches sans garde-fou; alors on a crié à l'eau, et on vouloit leur mettre des bâtons dans les jambes, afin de les faire tomber dans l'eau. J'ai rappelé au peuple ses promesses, et il s'est calmé. Nous continuions notre route; la foule marchoit toujours avec nous : étant arrivés à environ un mille de la ville, des paysans descendirent en courant la montagne, et se précipitèrent sur nous en disant : pendus, pendus, ou noyés, ces deux b..... là. Un d'entr'eux saisit le bas de l'habit d'un de ces malheureux; la foule emporte bien loin le maire et M. d'Albis; je reste seul avec M. Dubois, qui s'efforçoit d'arracher l'habit des mains de ce paysan. J'en tenois un d'une main, et, de l'autre, je tâchois d'arracher l'habit. Enfin, vint un garde national qui nous prêta main-forte et arracha l'habit. La foule augmentoit toujours. Je dois rendre justice au peuple de Vendôme; ils ont tenu leur parole, et ont exhorté les paysans à ne point faire de violence à ces deux hommes. Voyant que si je continuois à marcher, il arriveroit indubitablement un malheur, je criai : il faut les mener en prison; et tout le peuple cria, en prison, en prison; quelques voix crioient, il faut qu'ils demandent pardon à Dieu, et qu'ils remercient M. de Chartres en considération de qui on leur laissoit la vie. Cela fut promptement exécuté, et nous partîmes pour la prison. En route, un homme s'avance avec son fusil et dit : rangez-vous, que je lâche mon coup de fusil. Croyant que véritablement il alloit tirer, je me suis précipité devant mes deux hommes en disant : vous me tuerez plutôt. Comme c'étoit un homme bien habillé, M. Pieyre lui dit : mais comment est-il possible? Je badine, lui dit-il, il n'y a rien dans mon fusil. Nous avons encore continué notre route. En arrivant à la prison, il y avoit grande affluence, les dragons étoient à cheval par l'ordre de M. de Lagondie ; je les ai fait descendre, en disant que le peuple m'avoit promis, et que je n'avois besoin que de sa parole. Les deux hommes sont en prison : lorsqu'ils furent entrés, le peuple vouloit se porter à l'Oratoire, où le supérieur n'a pas prêté le serment, et dont l'église servoit aux réfractaires ; enfin, dont les enfans n'étoient pas à la procession, et que l'on aristocratisoit, à ce qu'il disoit. Je leur observai que cela ne devoit pas se faire ainsi ; qu'ils devoient prier M. le maire de témoigner au supérieur de l'Oratoire, que l'on voyoit avec peine son église remplie de réfractaires. On a dit : bah ! le maire; il faut que ce soit vous : je leur ai répondu, j'accompagnerai M. le maire. J'y ai été, le supérieur étoit très-entêté; il n'a pas voulu céder dans le moment; mais, cependant, il est parti le lendemain. Après le dîner, j'ai été à la municipalité, où je suis resté pendant que l'on dressoit le procès-verbal. J'y suis retourné le lendemain et je l'ai signé.

1er *juillet* 1791. La longueur du récit que je viens de faire, m'ayant empêché de continuer exactement, je dirai seulement que le lendemain de mon affaire, la compagnie des jardiniers est venue me féliciter; je leur ai donné vingt-six bouteilles de vin, chacun n'en a eu qu'un verre. J'ai été trois fois à la municipalité; plusieurs de ceux qui, la veille, étoient les plus acharnés, vinrent en pleurant me demander pardon et me remercier de les avoir empêchés de commettre un crime. Un d'eux me demanda quand on devoit chasser les prêtres de la ville. Je dis qu'on ne devoit point les chasser, et qu'au contraire on devoit les laisser tranquilles. Mais, monsieur, me dit-il, il y a un décret pour les chasser de la ville sous vingt-quatre heures, et je viens vous demander quand est-ce qu'il faut l'exécuter. Je lui ai répondu qu'il n'y en avoit point, que c'étoit une horrible imposture, et que, quand il y en auroit, ils ne devroient pas se charger de l'exécution, qu'ils devoient s'en fier à ceux qu'ils avoient nommés pour cela. — Il faut donc les laisser là? J'ai dit, oui. — Mais mes camarades ne me croiront pas quand je leur dirai cela, il faudroit que cela fût écrit. J'y ai consenti, et lui ai donné le billet suivant : *Les deux hommes que nous avons menés en prison, sont dénoncés à l'accusateur public et leur procès va leur être fait. Il n'y a point de décret qui ordonne l'exil des prêtres qui n'ont pas prêté le serment, et on doit les laisser tranquilles.* Comme je ne voulois pas qu'on pût m'en attribuer d'autre, j'allai sur le champ à la municipalité; j'y déposai copie de mon billet, et déclarai n'en point avouer d'autre, dont acte me fut donné.

---

2 *juillet.* Je viens de recevoir le décret pour le serment des officiers, je l'ai remis sur-le-champ à M. de Lagondie : demain à la parade on me rendra réponse.

---

4 *juillet.* J'avois remis à hier au soir la déclaration sur le serment, parce qu'il y avoit une grande procession de reliques qui avoit attiré un grand nombre de paysans, et que je craignois que le refus de serment de la part de quelqu'officier n'occasionnât du mouvement. Après le dîner, MM. de Lagondie, Rouillon, Damonville et Montureux m'ont déclaré qu'ils ne prêteroient pas le serment et m'ont demandé le secret, craignant, à ce qu'ils disoient, que, si cela étoit su, cela fût capable d'occasionner du trouble dans le régiment. Il y en a un que je regrette beaucoup, c'est M. de Montureux; mais, cependant, cela diminue fort la prévention favorable que j'avois conçue pour lui; car, je n'aime pas un homme qui préfère *quelqu'un* à sa patrie. La municipalité m'a

demandé si je ne m'opposois pas à leur départ, j'ai dit que non. Le soir, à huit heures et demie, Bessard, l'adjudant, est entré dans ma chambre, et m'a dit que la compagnie de Montureux étoit très-affectée du départ de son capitaine, et qu'il craignoit qu'il n'y eût du mouvement; je lui dis de m'avertir à la moindre chose. MM. Perrin et Ducasteing sont venus me dire qu'ils prêtoient le serment, ainsi que MM. Jacquemin, Roussel et les deux adjudans. M. Dubois (celui à qui j'avois donné 500 liv. avant hier) m'a déclaré ne vouloir pas le prêter. Nous sommes restés assemblés jusqu'à une heure et demie; il ne s'est rien passé, tout a été tranquille; nous ne nous sommes couchés que quand nous avons su ces messieurs partis. Comme il ne reste point d'officiers dans la compagnie de Mastin, j'ai chargé provisoirement M. Perrin de la commander. A deux heures et demie, j'ai été réveillé par une députation de Montoire, qui ne vouloit pas accorder de passeports aux officiers sans ma permission : j'ai répondu que je ne pouvois en accorder à ces messieurs, puisqu'ils ne se regardoient plus comme officiers, et que je ne pouvois pas non plus m'opposer à leur départ, n'ayant aucune autorité. Sur cette réponse, on leur a accordé des passe-ports. Ce matin tout est tranquille, tous les dragons sont à leur poste, ainsi que tous les officiers assermentés. A dix heures et demie, nous nous sommes rendus sur la terrasse de l'abbaye. J'ai dit : . . . .

. . . .

. . . . (1).
Ensuite j'ai lu le décret et la lettre ministérielle qui y étoit jointe. J'ai prononcé le serment; et à l'instant tous les casques au bout des sabres, et des cris, *nous le jurons,* d'un côté vive la nation, de l'autre vivent les dragons! Quoiqu'il ait fait un temps détestable, il y avoit cependant beaucoup de spectateurs. Nous sommes rentrés au milieu des applaudissemens de tout le peuple : j'ai prié à dîner une fois pour toutes; après le dîner, j'ai été à Montoire avec M. Roussel. J'ai pareillement fait prêter le serment aux dragons : il y a eu le même enthousiasme qu'à Vendôme, les mêmes cris et les mêmes applaudissemens.

---

5 *juillet.* J'ai écrit à Caen, à Sillé-le-Guillaume et à Mamers, à nos détachemens, pour leur annoncer le décret sur le serment, et qu'ils eussent à s'y conformer. Je suis accablé de réponses à faire, cela me prend un temps considérable : en outre, je suis le seul officier supérieur, et par conséquent j'ai beaucoup plus de service qu'auparavant. Pour peu que je veuille lire ou me promener, je n'ai plus le temps d'écrire ce journal; c'est ce qui fait que je suis arriéré, et qu'au lieu d'être au 5 je suis au 25. La municipalité, il y a quelques jours, me fit prévenir qu'elle alloit me requérir de prêter, le 14 juil-

(1) Il paroît qu'il a laissé cet intervalle en blanc pour copier son discours, et qu'il a oublié de le faire. (*N. de l'ancien édit.*)

let, le même serment que l'année dernière : j'ai répondu que cela m'étoit absolument impossible; que l'assemblée avoit, par son décret du 22 juin, changé la formule du serment; que si on étoit admis à prêter le serment de l'année dernière, tous les officiers réfractaires reviendroient sur-le-champ et demanderoient à le prêter. Néanmoins la municipalité a écrit au comité de constitution, dont la réponse n'est pas encore arrivée : on a écrit au département qui a répondu conformément à mon avis. La municipalité m'a fait demander ensuite ce que je croyois qu'elle devoit faire relativement à la garde nationale : je lui ai dit que cela ne me sembloit pas embarrassant; que je croyois que ce seroit parfaitement remplir les vues de l'assemblée nationale, que de faire prêter le serment aux gardes nationales, et que certainement si elles n'y étoient pas invitées, elles crieroient beaucoup contre la municipalité, et pourroient bien y aller malgré tout cela. On a encore écrit au département et à la municipalité de Blois, pour lui demander ce qu'elle feroit. Les réponses ont été conformes à mon opinion. Le 13 juillet, à six heures du soir, la municipalité donna l'ordre pour la garde nationale; on commençoit à murmurer, et on trouva que cet ordre s'étoit bien fait attendre; on auroit voulu fêter les dragons, leur donner à dîner, etc.; cela a été remis. A onze heures, le 14 juillet, nous nous sommes mis en marche, pour nous rendre au champ de la Fédération; des applaudissemens, des cris, des bravos, des vivent les dragons, nous ac compagnoient. En entrant dans le champ de la Fédération, nous avons été salués par une décharge d'artillerie. Chaque compagnie de gardes nationales a prêté le serment que la municipalité alloit recevoir; ensuite nous, les casques au bout des sabres, en criant de toutes nos forces, vive la nation, vive la garde nationale, vivent les Vendômois, vivent les dames de Vendôme, etc. J'ai oublié de dire que le lendemain du premier serment, tous les officiers assermentés s'étoient rendus avec moi à la société, où nous avons été extrêmement applaudis.

---

26 *juillet.* Avant hier, nous nous sommes rassemblés sur le mail ; tous les gardes nationaux sont venus, nous en avons pris sous le bras chacun deux, et nous nous sommes rendus ainsi devant l'Abbaye; on m'a présenté la mêche pour mettre le feu au canon qui devoit donner le signal de la fête : j'ai tiré le coup; ensuite on s'est mis à table; je m'y suis mis aussi, et me suis trouvé placé à côté d'un homme ivre : on m'a adressé des couplets, etc. Après le dîner, les grenadiers m'ont, malgré mes vives instances et malgré ma résistance, enlevé et porté sur leurs épaules tout autour des tables; ils ont voulu me placer sur une estrade où étoient les drapeaux et nos guidons; je me suis en vain défendu, on m'y a placé; mais on ne m'y a pas gardé long-temps, car aussitôt je me suis jeté à la renverse : on m'a relevé, et je me suis précipité au milieu d'eux, étant décidé à tout plutôt qu'à rester sur cette estrade. On a en-

suite dansé des rondes; on m'étouffoit toujours tellement que j'ai été obligé de changer de chemise.

---

27 *juillet.* J'ai été hier à la municipalité, pour me faire reconnoître pour commandant militaire. J'ai lu le discours sur la servitude volontaire de la Boëtie : je l'extrais. J'ai lu de l'allemand, de l'italien, de l'anglais. Le soir, j'ai lu de Mably et d'Emile.

1er *août* 1791. Charmante journée, vivent les dragons! il n'y a pas de régiment comme cela en France; avec de tels hommes, nous recevrons bien les gueux qui auront l'audace d'entrer en France, et la patrie sera libre, ou nous périrons avec elle. Nous avons été aujourd'hui à la petite guerre; les dragons y ont mis une ardeur incroyable : j'ai été pris un des premiers.

---

3 *août.* Quelle heureuse journée ! j'ai sauvé la vie à un homme, ou plutôt j'ai contribué à la lui sauver (1). Ce soir, après avoir lu de Pope, de Métastase et d'Emile, j'ai été me baigner : je me séchois ainsi qu'Edouard, lorsque j'entends crier, *à moi, à moi, je me noie.* J'y cours aussitôt, ainsi qu'Edouard qui étoit

(1) Cette belle action, dont le prince se retrace le souvenir avec modestie, est racontée par Mme de Genlis, au commencement du tome 4e de ses Mémoires, avec un détail plein d'intérêt, et que l'on sera sans doute satisfait de trouver ici, ainsi que le témoignage de la reconnaissance publique dont elle fut suivie.

« M. le duc de Chartres, quelque temps après la révolution,

un peu plus loin; j'arrive le premier, on ne voyoit plus que le bout des doigts; je prends cette main qui saisit la mienne avec une force inexprimable, et par la manière dont il me prenoit, il m'auroit fait

» alla à son régiment qui était à Vendôme; il y fit une action de » courage et d'humanité qui lui valut une *couronne civique*, que » lui donna solennellement la ville. Il s'était baigné à midi dans » la rivière; comme il se rhabillait sur le rivage, un homme, qui » était encore dans la rivière, saisi d'une crampe violente à la » jambe, cria au secours : M. le duc de Chartres s'élança dans » l'eau, alla à lui, le saisit par les cheveux, au moment où il s'éva- » nouissait, et eut le bonheur de le sauver, et de le déposer sur le » rivage. Cet homme était un employé dans les douanes; il vint » le lendemain chez M. le duc de Chartres, avec sa femme et cinq » petits enfans, qui se jetèrent à ses pieds pour le remercier. Cette » aventure, qui s'était passée en plein jour et devant une multi- » tude de témoins, fit un grand honneur à M. le duc de Chartres. » Il m'envoya, dans une lettre, une feuille de chêne de sa cou- » ronne civique, que je conservai précieusement, que j'ai mise de- » puis dans mon livre de souvenirs, et que j'ai encore. Dans la » lettre qui contenait cet envoi, il me remerciait de la manière la » plus touchante de lui avoir fait apprendre à nager. En effet, » lorsque je l'envoyai à l'école de natation, ainsi que ses frères, je » leur avais beaucoup répété que c'était une chose qu'il fallait » savoir pour soi et pour les autres; et c'est ainsi que je leur fis » apprendre à saigner et à panser des plaies. Je les ai menés pen- » dant tout un hiver, à l'Hôtel-Dieu, pour y panser les plaies des » pauvres. »

Voilà le vrai héros, l'ami de l'humanité, qui se dévoue au danger, à la mort même, pour son service. Il se précipite, avec une égale ardeur, dans l'élément où il peut être entraîné à fond par celui qu'il veut arracher à sa violence, et au-devant de l'arme meurtrière dirigée contre deux malheureux en butte à la persécution. Quelle grandeur d'ame! quelle vertu sublime! Heureux le peuple qui l'a pour chef, et se fait un devoir de vivre sous ses lois! (*Note du nouvel éditeur.*)

noyer, si Edouard n'étoit arrivé et ne lui eût pris une jambe, ce qui lui ôtoit la possibilité de sauter après moi. Nous l'avons ainsi ramené à bord : à peine s'il pouvoit parler; il m'a cependant témoigné beaucoup de reconnoissance ainsi qu'à Edouard. Je pense avec plaisir à l'effet que cette nouvelle produira à Belle-Chasse. Je suis né sous une bienheureuse étoile; toutes les occasions se présentent, je n'ai qu'à en profiter. Celui qui se noyoit est M. Siret, demeurant à Vendôme, sous-ingénieur des ponts-et-chaussées. Je me couche bien content.

---

4 *août.* J'ai lu ce matin les papiers; j'ai lu de l'anglais; j'ai écrit à mon amie que j'étois heureux, en pensant au plaisir que lui feroit ma lettre. M. Siret est venu me faire une visite, il est bien touché et bien reconnoissant. J'ai lu du latin, dîné, ensuite écrit à mon amie, à mon père; j'ai été au club où j'ai lu un discours sur l'abolition des ordres : on a ordonné l'impression. M. Siret a rendu compte de ce qui lui étoit arrivé la veille; le président m'a fait beaucoup d'éloges, beaucoup de complimens *ex abrupto* et très-bien exprimés. On a ordonné d'écrire aux journalistes.

---

5 *août.* Hier matin à la manœuvre; en rentrant, je me suis déshabillé : j'ai lu du président Hénaut, de J. César, de Sternheim, de Mabli; dîné : après dîner, j'ai lu d'Ipsipyle, de Métastase, d'Héloïse, de Pope. A cinq heures au manège, ensuite j'ai lu d'Emile.

8 *août*. J'ai travaillé avec M. Jacquemin pour le remplacement des officiers; j'ai enfin reçu mes ordres de départ. Nous allons à Valenciennes, nous partons vendredi 12 de ce mois. Nous sommes donc sûrs de servir la patrie et de ne pas manquer un coup de sabre. J'irai donc bientôt à Belle-Chasse.

---

11 *août*. Aujourd'hui belle journée. J'avois été invité hier à aller à l'Hôtel-de-Ville, avec quelques sous-officiers et dragons; je m'y suis rendu aujourd'hui, et j'ai été harangué, et ensuite on a lu une lettre de M. Siret qui demandoit que le corps municipal arrêtât, qu'il seroit décerné une couronne civique au citoyen qui auroit sauvé la vie à son semblable, et qu'il m'en fût décerné une. Le corps municipal a agréé cette demande, et on m'en a donné une aux applaudissemens d'un grand nombre de spectateurs. J'étois très-honteux; j'ai cependant témoigné ma reconnoissance le mieux que j'ai pu. J'ai été au club. On m'a témoigné beaucoup de regrets et de bonté; j'ai exprimé ma sincère et vive reconnoissance : je leur ai dit que j'éprouverois des regrets bien vifs en les quittant, si ce n'étoit pas pour aller occuper un poste bien agréable aux amis de la liberté, celui où l'on pouvoit servir sa patrie; que si je pouvois jamais avoir besoin d'un aiguillon pour m'exciter à employer, pour la défense de ma patrie, tout le zèle et toute l'ardeur dont je suis capable, cela en seroit un bien vif pour moi.

(*Ici finit la copie du Manuscrit.*)

Nous avons regardé comme une bonne fortune la découverte de cet opuscûle, non moins précieux par les sentimens qu'il renferme, que par la main qui l'a écrit; et comme une chose intéressante de le publier de nouveau, d'une manière plus soignée.

On y a reconnu le cœur, l'esprit et les maximes d'un prince élevé dans les sentimens de la liberté, et qui, fortifié par l'âge dans les principes qui lui ont été inculqués dans sa jeunesse, est appelé, par les desseins visibles d'une providence bienfaisante, à réaliser sur le trône l'admirable fiction de Télémaque, que son éducation lui a donné pour modèle.

Cet opuscule est précédé d'un discours et de notes, qui ont eu pour objet d'en faire connaître, aimer et vénérer l'auteur, dans ces circonstances où, étant destiné à régner, non sur des sujets, comme un roi absolu, mais sur des citoyens libres, il a besoin d'être environné de leur reconnaissance, de leur respect et de leur amour contre l'ennemie de la liberté, qui revêt sa fausse apparence pour mieux la surprendre.

C'est pour prévenir les bons citoyens contre cette ennemie cruelle, nous voulons dire l'anarchie née de la licence, qu'une des notes manifeste des alarmes inspirées par les conjonctures ; mais ces alarmes, qui n'avaient peut-être pas d'autre fondement que des faits mal vus ou mal interprétés par la renommée, sont en partie évanouies aujourd'hui (*) : en tout cas, la fermeté du gouvernement, et l'union des pouvoirs, amis et non rivaux, qui fondent sa constitution, ne manqueront pas de les dissiper entièrement.

Puisse le concert unanime de ces pouvoirs, soutiens du trône et de la liberté, présider constamment à l'exercice de leurs droits communs! Et puisse une nouvelle législation mieux appropriée à nos mœurs, et au niveau des lumières du siècle, contribuer progressivement au bonheur et à la prospérité de la patrie !

(*) 16 octobre 1830, grâces à l'explication solennelle qui a eu lieu, il y a peu de jours, au milieu des débats orageux de la chambre des députés! Tout le monde sait que cette heureuse explication, qui a fait cesser tout-à-coup la désunion apparente des membres de cette chambre, et éclairci l'horizon politique chargé de nuages, est due principalement à l'improvisation, pleine de vérité, de raison, de force et d'éloquence, conçue par l'honorable député de l'Aube, ministre du Roi, M. Casimir Perrier, dont le nom, cher à la France, sorti de nouveau de l'urne électorale, sera encore pour elle le gage certain de la concorde et de la paix.

(*Note du nouvel éditeur.*)

Appendice.

APPENDICE.

LETTRE

SUR LA PUISSANCE ROYALE;

PAR PIERRE-GRÉGOIRE **HERLUISON.** (*)

VOICI une épître, qui, bien que de date un peu vieille (1790), nous a paru tout à fait de circonstance, aujourd'hui que nos grands théologistes de petits séminaires, nos lumières de sacristies et nos écrivains à robes courtes appellent, de nouveau, à la défense de l'absolutisme et de la tyrannie, leur fameuse maxime du *Droit divin.*

Cette lettre, pleine d'une dialectique pressante et de toute l'éloquence de la raison, est due à la plume d'un de nos plus célèbres compatriotes, le spirituel et savant abbé Herluison. Cet abbé ressemblait peu à certains abbés du jour : il avait de l'esprit, des lumières, et il employait l'un et l'autre à rapprocher les hommes et non point à les désunir. Il ressemblait fort peu surtout à ces Scribes salariés de l'*Apostolique* et de la *Quotidienne.* Il ne pouvait comprendre que l'oppression, le fanatisme, la décrépitude de l'esprit, et les affreuses calamités à la suite, fussent des éma-

(*) Cet extrait est celui mentionné, page xxj de cet opuscule, et auquel renvoie la note.

nations *adorables* de la puissance royale. Il pensait avec quelques millions d'hommes, au cerveau bien portant, que dans l'ordre spirituel Dieu a établi des lois pour régler l'usage de la puissance royale, et que dans l'ordre temporel le bonheur temporel des peuples et leur prospérité, sont les fins de la puissance.

Des rois par la grâce de Dieu, comme Louis XI, des *Titus* comme celui de Lisbonne, un prince parjure mitraillant son peuple après avoir violé ses sermens, eussent paru à ses yeux des pouvoirs diaboliques plutôt que divins.

Eh quoi! disait-il, on aura violé toutes lois divines et humaines, ce sera pécher contre la royauté et contre Dieu, son instituteur, que de ramener la puissance à son but. Il faudra lui laisser faire le contraire de ce pourquoi elle est faite. Elle sera sacrée dans les ravages comme dans les bienfaits, et cette impossibilité de remédier aux maux les plus affreux, sera non-seulement l'effet de circonstances singulières, mais l'état naturel des choses, ce sera le *jus regis !*..... Et l'intelligence de notre bon abbé se révoltait devant ces terribles mystères du *droit divin.* Pour peu qu'on l'eût poussé à bout, il aurait demandé à messieurs les avocats du *jus regis*, qu'on lui montrât un décret de Dieu qui ordonnât la perpétuité, l'inviolabilité d'une puissance exhorbitante qui fait gémir une nation entière. Une telle puissance ne paraissait à l'abbé Herluison, comme à nous autres libéraux, par exemple, rien autre chose que la puissance du diable sur ses damnés.

Mais venons à sa lettre précitée. C'est une discussion lumineuse qui doit éclairer les incrédules, ramener tous les hommes de bon sens et de bonne foi aux vrais principes, et réconcilier, ainsi que l'auteur se l'est proposé, *la théologie avec le patriotisme.*

« L'autorité des rois vient de Dieu, » disent les théologistes. Cette origine, répond l'auteur, est certaine, car tout vient de Dieu ; mais il y a des choses qui en viennent *immédiatement,* d'autres qui n'en viennent que *médiatement,* et la puissance royale est de ce dernier genre. Elle rentre par là dans l'ordre des choses humaines dont on avait voulu la tirer, à la faveur d'une équivoque que cette distinction fait évanouir.

Pour concilier ce que montre l'évidence, avec ce que dit la théologie, l'auteur de la lettre s'est vu forcé d'inventer un nouveau sacrement ainsi composé : « Le consentement d'un peuple était le signe extérieur et nécessaire de la collation royale, et la collation réelle et effective de ce pouvoir était l'œuvre de Dieu agissant *immédiatement* sous ce voile et d'après cette cause occasionnelle. » Cette idée de sacrement vous paraîtra plaisante, mais il est de nécessité que tous nos melkites l'admettent, dit l'abbé Herluison, ou qu'ils embrassent le sentiment qui les révolte. Il faut, s'ils persévèrent dans leur opinion, qu'ils reçoivent comme une vérité incontestable cet étrange système, qui établit l'existence d'un sacrement inconnu jusqu'à nos jours.

L'auteur suppose un peuple qui, par quelque cause que ce soit, s'assemble pour élire un roi. « Le choix se fait suivant les promesses et les conventions réciproques, puis les sermens : le sujet élu a juré de *gouverner selon certaines lois ;* le peuple a juré de lui être fidèle *à ces conditions ;* de l'aider de ses services personnels et de secours pécuniaires, à soutenir le poids du gouvernement. » Aux yeux de la raison, c'en est assez pour faire un roi, et il *ne faut rien de plus pour en avoir la qualité et les droits.* Mais dans le système de nos melkites, tout cela n'est rien : le prétendu roi n'est qu'un sujet destiné pour la royauté, qu'il faut que Dieu investisse de pouvoirs essentiellement distingués de ceux que le peuple croit lui avoir conférés. Tout cet appareil d'élections, de promesses, de sermens, etc., n'est qu'un voile mystérieux sous lequel il faut que Dieu agisse. Tout ce qui s'est fait à l'intérieur d'une manière solennelle, est par sa nature sans efficacité et sans vertu ; ce n'est que le signe visible d'un effet invisible et indéfinissable, opéré par la droite du Très-Haut. Si on disait que la puissance de Dieu est la cause secrète de ces effets visibles, on ne dirait rien que de très-juste, mais cela ne suffit pas au système que j'expose. Selon ce système, non-seulement la première cause est secrète et invisible, mais son effet est de même invisible et secret : il ne consiste en rien de ce que l'on peut voir et entendre, mais dans l'impression d'un caractère également *ineffaçable* et *inexplicable,* qui désormais rend les droits du sujet élu, indépendans du consentement du peuple, et subsiste bon gré malgré lui. »

« Ce n'est pas là, monsieur, poursuit l'auteur de la lettre, ce n'est pas là un système que j'invente, ce n'est que le développement de la doctrine commune et rebattue que ce sont les peuples qui choisissent les rois ; mais que *c'est Dieu qui leur communique leur puissance.* En faut-il davantage pour faire un sacrement ? c'est-à-dire le signe visible et mystérieux d'un effet invisible que Dieu opère dans le secret, et qui est tout différent de ce que nous pouvons apercevoir par les sens ? Or, s'écrie notre auteur, un sacrement sans institution, un mystère sans révélation sont des chimères ou des absurdités, et il demande aux zélés défenseurs de l'indépendance absolue des rois de produire les titres de cette institution, et de lui dire où ce mystère est révélé.

Il est vrai que Dieu, selon l'Ecriture, annonça que le trône de David subsisterait jusqu'à la venue du Messie; mais est-il dans le monde un autre trône auquel Dieu ait assuré semblable prérogative? Enfin, l'auteur de la lettre *théologique et patriotique*, établit que le peuple d'Israël jouissait du droit de rester ou non sous un gouvernement qui pouvait lui plaire ou lui déplaire. Il en cite un exemple frappant dans la séparation des dix tribus et dans la formation du royaume d'Israël. « Le peuple, dit-il, ne fit alors que ce qu'il avait droit de faire. » Ainsi, les plus anciens monumens que l'Ecriture nous offre de la formation des corps politiques, attestent les droits des nations, loin d'y être contraires. Un témoignage aussi authentique n'est-il pas de nature à dissiper les scrupules de la théologie et de la théocratie?

Cette distinction une fois bien établie, que la puissance des rois vient de Dieu *médiatement*, et non *immédiatement*, comme l'évidence le prouve, et comme l'enseigne d'ailleurs l'Ecriture, *humanæ creaturæ*, puissance de créature humaine, il en est du pouvoir que le roi tient de Dieu comme de tout autre pouvoir, comme de celui d'un juge, comme de celui d'un capitaine, comme de celui d'un maire de commune, comme de celui de tout pourvu d'autorité dans l'ordre temporel. Ces puissances diffèrent entre elles par leur nature, leur étendue, la diversité de leurs objets; mais elles ne diffèrent point quant à l'origine qu'elles tirent de Dieu:

l'Ecriture, nous dit encore la *lettre théologique et patriotique*, les égale toutes en ce point : *non est potestas nisi à Deo*. Il n'y a point de puissance qui ne vienne de Dieu.

« Pour être roi, poursuit notre auteur, un homme a besoin d'être élu ou reconnu par une nation, d'avoir à ses ordres les forces de la nation, d'être aidé de secours pécuniaires par la nation. C'est la prestation de ces secours ou l'engagement solennel à les lui fournir, ou du moins le consentement tacite à supporter ces charges, qui le constitue roi ; la royauté n'est pas autre chose : lui donner tout cela, c'est le faire roi. Or, qui le lui donne ? La nation. C'est donc elle qui le fait roi. Dieu lui donne-t-il quelque chose de distingué de tout cela ? Non, il dispose le cœur du peuple à le lui donner, il lui procure ce don comme moteur suprême des volontés ; il ne lui donne pas *immédiatement*, il lui fait donner tout ce dont la réunion forme la puissance royale. Il le fait faire roi, et il le constitue dans cette puissance par la détermination efficace et libre des causes secondes, et tout ce qu'on imagine de plus, ne sont que de mystérieuses chimères, des choses dont on ne peut pas même se former l'idée, loin d'en pouvoir prouver l'existence. »

En un mot, pour prendre un terme de comparaison sensible à toutes les intelligences, et qui résume parfaitement, selon nous, le système lumineux d'*origine médiate* et *immédiate* sur la puissance des rois, ainsi qu'il est établi dans la lettre dont nous nous occupons : Dieu ne crée pas plus immédiatement les rois, que les poires, que les pommes qu'il fait produire aux arbres (*), qui, sans cela, ne pourraient pas être appelés *lignum faciens fructum*, bois fructifiant. De même,

(*) Gen. 1, 2.

pour revenir aux causes libres, Dieu ne crée pas immédiatement le pouvoir royal, *mais il le fait créer aux volontés créées.* Autrement, il ne serait pas vrai que les Israélites firent Saül roi, *fecerunt eum regem*, et l'Ecriture mentirait.

Passons maintenant à la conséquence que l'auteur fait sortir de ces principes :

« Comme les pouvoirs d'un magistrat, d'un maire, de tout pourvu d'autorité, ne sont ni inamissibles ni illimitables, quoiqu'ils viennent de Dieu, de même le pouvoir d'un roi, quoiqu'il vienne de Dieu, n'a pas le privilége de l'immutabilité, ni de droit, ni de fait ; car il ne vient pas plus de Dieu que toutes les autres autorités... » Le roi n'a que ce que les hommes lui ont donné ; sa puissance est de *création humaine*, et il ne s'appelle pas roi par la grâce de Dieu dans un autre sens, qu'un juge peut se dire juge par la grâce de Dieu. Cette grâce, loin d'exclure l'institution humaine, la prouve, puisque la grâce que Dieu lui a faite a consisté à lui procurer cette institution. Or, l'institution d'un roi étant humaine, sa destitution peut être aussi l'ouvrage des hommes, ce roi faisant le malheur de ses peuples ou violant le pacte consenti avec eux.

Ici nos théologistes en appelleront à l'inviolabilité de l'oint du Seigneur. Mais notre auteur réplique : « Dire qu'une puissance est inviolable parce qu'elle vient de Dieu, c'est dire qu'il ne faut point arrêter les progrès d'un incendie, parce que c'est Dieu qui l'allume ; qu'il ne faut point opposer de digues aux fleuves qui se débordent, parce que c'est Dieu qui fait tomber les eaux qui les grossissent. Notre judicieux écrivain va plus loin, et c'est ici surtout que nous prions tous nos théologistes, petits et grands, de lui prêter toute attention : « il pense qu'une nation tenterait Dieu, si elle s'attendait à être délivrée d'une manière extraordinaire, en refusant de se servir des moyens humains qu'il lui a mis entre les mains, pour améliorer son sort. Il faut prier sans doute, pour obtenir la grâce de procéder avec sagesse et avec prudence; mais il faut agir, s'il y a lieu, et mettre en avant les facultés que Dieu, comme auteur de la nature, nous a données, pour former un gouvernement sage, réformer celui qui existe, s'il en est susceptible, ou le *changer tout entier*, si ce changement est nécessaire : *Salus populi suprema lex esto*, que le bonheur du peuple soit la loi suprême. Cette loi est celle de la raison, et la religion ne nous dit rien de contraire. Quand je suis surpris par une grande pluie en pleine campagne, je dois en conclure que la volonté de Dieu est que je sois mouillé; c'est Dieu qui envoie la pluie; mais si je trouve un abri, la volonté de Dieu, qui a ordonné que je fusse mouillé, m'interdit-elle l'usage de cet abri ? Non assurément. J'en profite et je juge qu'il a voulu que je fusse mouillé jusqu'au moment où j'ai trouvé de quoi me mettre à couvert, et rien de plus. »

Ce judicieux raisonnement, le peuple de Paris vient d'en faire une mémorable application à la puissance royale. La mitraille du despotisme pleuvait sur lui. Mais un abri lui était ouvert dans le palais du soldat de Jemmappes, sous le glorieux drapeau tricolore. Il s'y est réfugié, et la nation entière a jugé que, si Dieu voulut que les Français fussent jésuitiquement gouvernés depuis quinze années, et de temps en temps mitraillés, *Dieu l'a voulu jusqu'au moment où ils ont trouvé de quoi se mettre à couvert, et rien de plus !...*

IMP. DE BOUQUOT. TROYES.

www.ingramcontent.com/pod-product-compliance
Ingram Content Group UK Ltd.
Pitfield, Milton Keynes, MK11 3LW, UK
UKHW031927260826
14628UKWH00003B/1465

9 782012 397576